PHILOSOPHY

人民日报学术文库

英国人口变化研究

11-16世纪

王秋怡 | 著

人民日报出版社

北京

图书在版编目（CIP）数据

英国人口变化研究：11-16世纪／王秋怡著 . —北京：人民日报出版社，2024.12
ISBN 978-7-5115-8141-9

Ⅰ.①英… Ⅱ.①王… Ⅲ.①人口—问题—研究—英国—11-16世纪 Ⅳ.①C924.561.4

中国国家版本馆 CIP 数据核字（2023）第 247770 号

书　　名：英国人口变化研究：11-16 世纪
　　　　　YING GUO REN KOU BIAN HUA YAN JIU：11-16 SHI JI
作　　者：王秋怡

出 版 人：刘华新
责任编辑：王慧蓉

出版发行：人民日报出版社
社　　址：北京金台西路 2 号
邮政编码：100733
发行热线：（010）65369509　65369527　65369846　65369512
邮购热线：（010）65369530　65363527
编辑热线：（010）65369844
网　　址：www. peopledailypress. com
经　　销：新华书店
印　　刷：三河市华东印刷有限公司
法律顾问：北京科宇律师事务所　010-83622312

开　　本：710mm×1000mm　1/16
字　　数：187 千字
印　　张：14
版次印次：2025 年 3 月第 1 版　　2025 年 3 月第 1 次印刷

书　　号：ISBN 978-7-5115-8141-9
定　　价：89.00 元

目　录
CONTENTS

导　论

第一节　选题缘由

人口是一个国家存在和发展的基础，自古以来就拥有举足轻重的地位，正如马克思、恩格斯所说，"全部人类历史的第一个前提无疑是有生命的个体的存在"[①]。没有一定数量的人口，社会是无法发展的。同样，人口的数量、质量、结构、发展速度等与社会的发展紧密相关，人口的发展也影响着社会的发展。

从时代划分角度而言，中世纪作为承前启后的一个阶段，起着十分重要的衔接作用。尤其对英国来说，这一时期在经济、教育、人口、工业技术等方面取得了十足的进步，有着深厚的积淀。对英国中世纪人口的研究，不仅对英国本身具有重要价值，也能为研究同时期其他国家提供参考。英国相对其他西方国家有着大量的历史记录，这些记录的广泛性和准确性是他国不能比拟的。因此，英国中世纪人口的研究既有研究内容的可持续性，也有研究资料的可操作性。

针对中世纪英国人口的研究，史学家们提出了不同的看法和观点，但对这一时期整体的梳理与分析，即便存在像拉塞尔《英国中世纪人

---

① ［俄］巴加图利亚主编，张俊翔编译，张一丁审订：《巴加图利亚版〈德意志意识形态·费尔巴哈〉》，南京：南京大学出版社 2011 年 5 月版，第 7 页。

口》（*British Medieval Population*）这样比较全面的著作，也会因时间的久远和理论的滞后，存在研究方法和研究材料的缺陷，因此，重新或者进一步对英国中世纪人口进行归纳和论述显得尤为必要。同时，就国内研究而言，尚缺乏对英国中世纪人口研究比较全面的著作，已有人口研究未对中世纪英国的人口做长时段的梳理与总结，基于以上原因，研究英国中世纪人口非常具有价值。

第二节　研究材料的来源

人口学主要依赖于两类数据：一是人口的血统变化数据，即在某一特定时期人们住在某一地方的特征和数量，从 19 世纪开始，此类数据主要被人口调查取代；二是人口的流动数据，通过出生、死亡、移入和迁出的人口来考量人口的增加与减少。

中世纪的英国没有人口调查，也没有持续对重大事件的记录（如出生、婚姻和死亡）。在研究中世纪英国人口的时候，尽管没有材料可以提供直接有关人口的总数、出生和死亡数，但还是可以使用其他一些"独创"的数据来评估。其中有两个重要的数据来源，一是来自 1377年的人头税报告，二是《末日审判书》。此外，庄园法庭的记录也可以用来反映当时特定地区的人口血统和人口流动情况。还有一些资料的使用，比如用税收数据变化来评估人口，但在使用过程中会受到一些地域上的限制。

一、14 世纪的人头税①

14 世纪的人头税是英格兰金雀花王朝国王爱德华三世（1327—
1377 年在位）在 1377 年为与法国进行战争而征收的捐税。每个人，包
括男人和女人，14 岁及 14 岁以上都有义务上交 1 格罗特（英国已废弃
的 4 便士银币）。② 但是享有圣俸的神职人员要交 1 先令（大约等同于 3
个格罗特），乞丐和乞食会士（乞讨生活的僧侣）可以完全免交人头
税。1377 年人头税是基于城市和各郡而征收的，每一个郡或城市指派
次一级的人去征收。根据 J. C. 拉塞尔研究，人头税是对每一户 14 岁及
14 岁以上的人街到街、屋到屋地征收。③ 下一级征收人员指的是百户
区④的人员，"他们将他们收到的钱交给郡里的征收者，然后拿到作为
收钱凭证的契约……"⑤ 在一段时间后，"各郡和城镇收税官的报告都
会出现在中央的办公室中……这些报告没有明确统一的格式，但这可能
也是国库规定的"，⑥ 这一"伟大的征收"形成了 1377 年总人口数量估

---

① 相关资料可参见 Caroyln C. Fenwick, *The Poll Taxes of 1377, 1379 and 1381*, Oxford：
Oxford University Press, 1998-2005；M. W. Beresford, "The Poll Taxes of 1377, 1379
and 1381", *Amateur Historian III*；P. J. P. Goldberg, Urban Identity and the Poll Taxes of
1377, 1379 and 1381, *The Economic History Review*, Vol. 43, No. 2（May, 1990）：
194-216。

② 根据拉塞尔的《英国中世纪人口》（J. C. Russell, British Medieval Population,
Albuquerque：University of New Mexico Press, 1948：121），1 格罗特以当今价格来看
比一天普通农场劳动的工资略高一些。

③ J. C. Russell, *British Medieval Population*, Albuquerque：University of New Mexico
Press, 1948：122.

④ 英国中世纪行政区划体系之一，全国被划分为三十多个郡，每个郡下包含若干百户
区，而百户区再细分为不同级村镇，这一由三级构成的体制起源于诺曼征服之前，
并一直沿用至都铎王朝时期。

⑤ J. C. Russell, *British Medieval Population*, Albuquerque：University of New Mexico
Press, 1948：122-123.

⑥ J. C. Russell, *British Medieval Population*, Albuquerque：University of New Mexico
Press, 1948：131.

计的基础。

　　以 1377 年人头税作为统计基础的优点是有统一征收的标准，这意味着根据大量征收的钱财来简单地计算每个郡或每个城镇的人口，再考虑加上 14 岁以下的人口，可以大概计算出人口总数量了。还有两次人头税是在 1379 年和 1381 年征收的。但并非第一次那样，这两次是按照以原有 1377 年为基础，按比例增加征收的，因此能获得更多的收益。但这并不意味着穷人交得少。1379 年的人头税，平均每人交 2 个格罗特，1381 年的人头税平均每人交 3 个格罗特。公众对增加税收的反抗使得 1379 年和 1381 年人头税大规模减少，1381 年的人头税比 1377 年征收的规模小了许多。对人头税的不满也被许多历史学家认为是促使 1381 年农民起义不断爆发的原因之一。

　　如果用 1377 年的人头税来估算英国人口，应当做两个假设。第一个假设是 14 岁以下的人口比例。拉塞尔假设 $\frac{1}{3}$ 的人口在 14 岁以下，因此必须乘以 1.5 倍的系数来获得总人口。但是波斯坦认为 14 岁以下的人口为 45%，这意味着系数为 1.8。但在 1377 年，英国在之前的 16 年经历了三次大瘟疫，这很难在"正常情况下"[1] 进行。

　　第二个假设是未交税者的比例，拉塞尔使用了一个很低的数据 2.5%，而波斯坦使用了较高的数据 25%。[2] 这里，可以对这两个极端的比例进行分析。拉塞尔的估计使用了比较复杂的计算方式，包括上交

---

[1]　正常情况意味着出生和死亡大概保持一个较低的水平。在 1377 年的英格兰并非很明显。R. M. Smith, Plagues and People：The Long Demographic Cycle, 1250-1670, in P. Slack and R. Ward（eds.）, *The Peopling of Britain：The Shaping of a Human Landscape*, Oxford：Oxford University Press, 2002：178-179. 认为在 1377 年人口模式中，14 岁以下人口比例为 32%—45%。

[2]　R. M. Smith, Plagues and People：The Long Demographic Cycle, 1250-1670, in P. Slack and R. Ward（eds.）, *The Peopling of Britain：The Shaping of a Human Landscape*, Oxford：Oxford University Press, 2002：32-33.

给征税官的金钱比例，所交的是"先令"或者是"十先令"的数倍（它们的出现被次一级征收者四舍五入调整为整数倍）。① 事实上，这种方式仅可以发现交税者的比例，它们在一系列的记录中都存在（其中可能是因为次一级的征收者存在一部分的虚报），所以看上去低估了未交税者比例这个数据。② 正如拉塞尔承认，数据的低估是因为它本质上不包括因偶然而被忽略的人或因为贫穷而被忽略的人。③

看上去拉塞尔计算未交税者的方法存在着不足，因此我们必须忽视仅为 2.5% 的数据，承认这个数据是被低估了。④ 在 1377 年，其他学者对英国各郡有着或高或低的估算，最后都使用 5% 作为未交税者的最低百分比，据此，总体各郡人口的估计在 215 万—303 万人。此外，还必须考虑到用享有圣俸的教职人员、"乞食会士"的人数来对人口数量进行校正；以及柴郡和达拉谟郡未包含在"伟大的征收"之中，因为他们有自己的税收体系。拉塞尔认为增加大约 6 万纳税者恰好可以弥补未交税的这些人。柴郡和达拉谟郡 14 岁以下的人口大约为 7.8 万人至 9.7 万人，因此，1377 年英国人口估计在 220 万—310 万。

而 1379 年和 1381 年的人头税无法用来估计英国的总体人口，因为有许多未交税者，在档案中也记录了未交税者的职业，因此，这两次人

---

① J. C. Russell, *British Medieval Population*, Albuquerque: University of New Mexico Press, 1948: 124-130.

② 因为 3 格罗特等于 1 先令。拉塞尔推断用"相等的先令"来计算出上交的财物是有缺陷的（次一级征收者隐藏起旧的格罗特），他有效计算出的金钱，实际上上交的是"相等的先令"或"数倍比例"的先令。例如，10 先令和应上交的没有缺陷的比例不同。为找出"相等的先令"的重要性，他反向计算所需的所谓最终的格罗特的最少金钱数量（例如相同先令金钱所占比例）与无缺陷的应得的先令无法区别开来。第一个问题是假设不正直的次一级征税人员足够愚昧去上交全部的金额。第二个是拉塞尔仅反向计算最小可能的金额，但他不能公开肯定这些金额是虚假的。

③ J. C. Russell, *British Medieval Population*, Albuquerque: University of New Mexico Press, 1948: 130.

④ 拉塞尔通过计算产生了 2.68% 的未交税的比例，他最终使用了 5% 来进行计算，但估计仍然太低。

头税只提供了考察 14 世纪晚期共同体社会结构的可能。根据贝瑞福德（M. W. Bereford）研究，1381 年的职业记录没有 1379 年的普遍，但也可以从 1381 年记录中看到一些典型的事例。例如鲍威尔（Powell），在他的"关于东盎格利亚农民反抗"的研究中包含一份萨福克郡的布罗克利（Brockley）和里德（Rede）这两个村庄的 1381 年人头税的手稿。[①] 手稿中共有 70 人交税，其中沃尔沙姆（Walsham）的威廉及他的妻子伊丽莎白，他们交 6 先令（每个人 3 先令或者 9 格罗特），而所有被形容成奴仆的人交得最少，为 1 格罗特，手稿中总共记载交了 70 先令或者 210 格罗特，这表明这个村庄平均每人交 3 格罗特。布罗克利（Brockley）和里德（Rede）这两个村庄坐落于汀果（Thingo）百户区，在这个百户区，总共有 870 个交税者在"1381 年的人头税"中被提及，其中 9 人被描述为"搬运工"，53 人为"农民"，102 人为"制造者"，344 人为"劳动者"，362 人为"仆人"。在 870 个人中，487 人为男性，约占 56%，表明如果不是女性外迁，那就是（更可能是）女性比男性未交税的比例更高。[②]

二、《末日审判书》

关于 1086 年对英格兰土地调查的结果著作被称为《末日审判书》，但事实上它被编辑成许多不同的种类，一种是"大末日"，包含英格兰大部分的记录，另一种"小末日"包含埃塞克斯郡、萨福克郡和诺福克郡的记录，对其他一些地区的记录（如温彻斯特）则出现在附页中。《末日审判书》写成的目的并不是十分明确，可能它可以为国库提供一

[①] Andrew Hinde, *England's Population：A History Since the Domesday Survey*, London：Hodder Arnold, 2003：73.

[②] Andrew Hinde, *England's Population：A History Since the Domesday Survey*, London：Hodder Arnold, 2003：73.

些事实上或潜在的土地税收项目，也可能部分提供准确的持有土地的情况，对此史学界仍存有争论。① 原始手稿存于伦敦档案局，但仍有许多复制品可以使用，这些复制品是从中世纪拉丁语翻译过来的，根据使用情况，通常选择不同的部分来出版。

"大末日审判书"，涵盖了英格兰其余大部分地区——除了北部后来成为威斯特摩兰（Westmorland）、坎伯兰、诺森伯兰和达勒姆郡的部分土地——以及与英格兰各郡接壤并包含在其中的威尔士部分地区。"小审判书"，因其格式比大审判书的格式小而得名，但它是更为详细的调查，细致到牲畜的数量。这两卷书都分为一系列章节，列出了由国王指定的总管（他构成了诺曼人封建社会中低于国王的最高阶层）持有的费用（骑士的费用或封地，与庄园大致相同），即宗教机构、主教、诺曼人战士大户和少数与诺曼人政权讲和的撒克逊人。除了构成其主体的全部农村部分外，审判书还包含有关大多数城镇的有趣条目，这些条目可能是由于它们与王室在那里的财政权利有关。这些条目包括custumals（较早的习俗协议）的片段、应缴的兵役记录、市场和铸币厂的记录等等。从城镇、整个郡以及许多古代领主那里，王室有权获得古老的实物费用，如蜂蜜等。

从历史人口学家的观点来看《末日审判书》，最突出的特点是许多记录都遵循着标准的格式，给出了同一种类的信息。这样规范记录信息的格式，为阅读和理解提供了便利。

---

① 对《末日审判书》比较好的导读可参见 R. Welldon Finn, *Domesday Book：a Guide*, London：Phillimore, 1973。另外，可参考网站 http：//www. domesdaybook. co. uk/index. html；http：//domesdaymap. co. uk/；http：// www. national archives. gov. uk/default. html；http：//british-history. ac. uk/report. aspx？compid＝53778。

三、庄园档案①和其他记录

关于人口数量和趋势还可以直接或间接地使用庄园的资料来研究，庄园档案至少包含了当地的佃农列表、土地、劳役和地租的情况。从 13 世纪开始，庄园档案划分成了三个部分。第一，财政档案，或者被称为地方行政官的账簿。城镇长官或其他的工作人员会一年年地进行记录：包括领主的农场和地租的收入；进行谷物收割的劳役工作量；庄园法庭的额外津贴和超出的费用，如耕地、除草和播种以及建筑物的修复和农具费用等。在这些档案中还记录着农场货物的库存情况和其他杂项的备忘录。庄园地产的调查及调查范围在不同时期各不相同，但它会给出具体地产的边界，佃农所拥有土地的领主的名称，以及佃农所应承担的地租、劳役和持有的份地，这些资料对于研究当地地形的人来说是无价之宝。第二，类似于习惯法，每一个时期都要明确地记载，一般包括佃农阶层的权利和义务而非个体的权利和义务。第三，庄园档案中最重要的是庄园法庭的案卷，包括从 13 世纪晚期一直到接近现代的时期。此类档案最吸引人的地方是为我们描绘了英国中世纪人口那些栩栩如生的生活画面，从这些记录可以感知他们当时的想法和情感。

庄园的领主从很早②便开始按照国王法庭来对自己的法庭进行记录，并由专门的人员正式记录在庄园的档案中。而有关土地的转让、放

---

① 在庄园案卷的使用上，齐维·拉兹（Zvi Razi）是突出的代表，具体使用和分析可参考其有关著作：Zvi Razi and Richard Smith（eds.），*Medieval Society and the Manor Court*，Oxford：Clarendon Press，1996；Zvi Razi，*Life, Marriage and Death in a Medieval Parish：Economy, Society and Demography in Halesowen，1270 - 1400*，Cambridge：Cambridge University Press，1980；Zvi Razi，The use of Manorial Court Rolls in Demographic Analysis：A Reconsideration，*Law and History Review*，Vol. 3，No. 1（Spring，1985）：191-200.

② 关于最早的法庭案卷，梅特兰认为是在 1246 年，案卷现在存于剑桥大学的国王学院。

弃和进入，这些记录则交给佃农，并成为他们所有权的凭证（尤其是地契）。这些佃农则成为持有庄园档案副本的人，他们最终被称为"公簿持有农"（copyholder）。早期庄园档案的大部分内容记录的是存有争议的事件。

庄园法庭的议程包括十户联保制，即"每十户的男性成为被选入大约十人的团体，在联保的团体内，各户对治安负有连带责任"。普斯（L. R. Poos）用埃塞克斯郡十户联保制和什一税的记录来研究该郡的人口，同样的数据则被蒂托（Titow）用来研究萨默塞特郡的陶顿庄园。当然，这些类型的资料可以为现在的一些研究提供绝好的一手资料，但很难知晓这些庄园个体的人口如何代表整体的人口，因此，从它们所推论出来的整体人口必定存在着争议。

庄园法庭用来处理土地转让和交易，讨论遗产、道路和边界，以及擅自进入领主和邻居土地的情况；处理债务和违背约定的情况及邻居间的纠纷；提供劳役，地租和其他杂税的情况；处理违背公共秩序，破坏庄园法和破坏酿酒和面包法令的情况；陪审团和其他公职人员的选举……死亡、婚姻和女性奴隶的婚外孕也包括其中，以及维兰从庄园是否得到允许而离开的情况。[①]

拉兹认为在活动广泛的基础上，一个男性几乎不可能在长时期（2—3年）不被庄园法庭记录所提及。通过"观察"法庭记录（超过2—3年的时间，几乎每个男性都会被提及），这样可以得到一个地区男性人口的数据。而这一观点被普斯（L. R. Poos）和史密斯（R. M. Smith）质

---

① Zvi Razi, *Life, Marriage and Death in a Medieval Parish: Economy, Society and Demography in Halesowen, 1270-1400*, Cambridge: Cambridge University Press, 1980: 2.

疑①，他们发现在埃塞克斯郡，许多小土地持有者和土地劳动者在庄园法庭记录上从未被提起。是否每个男性都会被庄园法庭所记录这一争论并无定论，但从拉兹的作品可以确定从高质量（记录较完整）的庄园法庭记录中获得男性人口估计数量的可能。例如，在诺福克郡的格雷斯豪（Gressenhall）庄园，超过 $\frac{3}{4}$ 的小土地持有者 3 年内在法庭记录中至少出现过一次。②

由于庄园法庭记录同样包括婚姻和死亡的细节，能获得有关死亡的诸多记录，包括寿命，结婚年龄、私生情况、辈间替代率和家庭规模。庄园法庭记录的局限是女性很少被涉及，因此，从成年男性人口数量来估计人口总数，需对总人口中男性和女性的比例做出一个假设。另外，从拉兹的分析可以看出，尽管他的主张表明家庭规模可以估计，但缺乏关于婴幼儿和儿童死亡率比例的估算，因此通过庄园法庭的生育率估算也没有过多意义。

从庄园法庭记录中比较特殊的地方在于租地继承税或死亡税被广泛用于死亡率的估算。这些税是大多数农民照例应交的，在庄园法庭记录中详细地记录着，为了确定死亡趋势，可以使用连续时期内的一个租地继承税的资料。波斯坦和蒂托通过对温彻斯特主教庄园连续 3 年租地继承税的观察，得到 14 世纪早期普通年份高死亡率的证据，如在 1316—1318 年的死亡率。③

---

① 参见 L. R. Poos and R. M. Smith, Legal Windows onto Historical Population：Recent Research on Demography and the Manor Court in Medieval England, *Law and History Review II*, 1984：134-136。

② Zvi Razi, Manorial Court Roll and Local Population：An East Anglia Case Study, *Economic History Review*, 2nd series XLIV, 1996：762.

③ M. M. Postan and J. Z. Titow, Heriots and Prices on Winchester Manor, *Economic History Review*, 2nd series II, 1949-50：175.

通过庄园档案的记录，可以看出当时村庄共同体的法律和社会生活：土地上存在着一定秩序，土地的债务可以被恢复，非法的入侵可以被取消，人们的谩骂会恼怒周围的邻居；如果他们过度地使用领主的磨坊，佃农们将会被征收额外的税；酿酒者或者面包制造者贩卖次品，用假货来替代正品或者缺斤少两将会受到惩罚；佃农需要通过领主的允许，他的儿子才能担任圣职，或者他的女儿才能嫁人；劳动者必须经过允许才能用工资来抵扣他所雇佣的人的物品或是动产，使其成为自己的；在庄园内，偷猎者将被罚款，无序的房屋将会被通报记录，庄园主有权驱逐不受欢迎的人……总之，这些当地的法庭都是附近的治安法庭，在它们的案卷中可以发现类似于现代对不轨行为的犯罪问答，然后根据简易裁决定罪来进行处罚。

那么，庄园案卷是由谁来保管并将其传承下去的呢？由于庄园案卷具有半私人化的特性，是不会由国家来进行保管的，除了一些收入公共档案馆中。大多数的庄园档案存放在屋内的契约中，甚至是在破旧宅邸的木质房间中，或者是在远离他们最初编纂地区的律师的办公室中。[①]

这些庄园档案资料对研究中产阶级的谱系来说非常重要。在教区记录建立很久以前，它们形成了有关约曼[②]阶层血统的信息库，而这些人往往被称为国家的中坚力量，庄园土地的遗失或拥有也表明了他们从父辈开始之后的几代男性子嗣发展的过程。

非庄园资料的使用包括与贵族相关的死亡调查，其他资料还包括百户区案卷。另外，可以使用的资料还包括交给国王的地租报告和为动产项目而交付的税收报告。这些资料虽然没有提供完整人口的数据，却在某些方面反映了中世纪英国人口的状况。

---

① Nathaniel J. Hone, *The Manor and Manorial Records*, Methuen & CO. LTD, 1935：129.

② 约曼（Yeoman），用来指扈从、侍从或随员，从事具有荣誉感的服役。

死亡调查（Inquisitiones Post Mortem）①，有时也被认为是财产调查，在众多与谱系相关的记录中，它主要用于调查封建租户死后拥有的土地情况，以及这些土地应该由谁继承的问题（这一调查制造从 1240年代开始到 1660 年结束）。此外，死亡调查还可以给出土地使用的统计数据和涉及英国上千个庄园领主制的地方。②

这一调查最早在 1236 年（亨利三世统治时期）开始，在 1640 年左右，由于内战而被取消，最终在 1660 年被废除。从原始的作用来看，死亡调查非常接近于"末日审判"。调查的方式是两名当地有名望的陪审员在宣誓后集中调查死者的土地、每一年的收益和每个庄园的组成及其他财产；调查继承人是否达到继承年纪，并且给出土地类型和价值。若继承人是成年人的话，那么调查者进行慰藉、让继承者效忠，便可继承土地；若继承者是未成年人的话，则土地交给国王直至他成年或结婚。最详细的死亡调查出现在 1270—1350 年，它与百户区案卷和庄园记录有所不同，它的调查记录非常清晰。调查的主要内容包括：死亡的时间、继承者的姓名、继承者的年纪、庄园持有者的名字、从他人手中获得庄园的名字、庄园的范围（包括面积和区域）、庄园的平均估价、封建保有的类型③及相关劳役、义务。但这一调查也存在缺点，一是它仅调查总佃户，二是在调查中会出现委托人，委托人的地位较高，会与

---

① 关于死亡调查的相关资料，可查询网站：①Inquisition Post Mortem, Henry III-Charles I: Landlorders and Their Heirs（Public Record Office Information Leaflet）；②Chancery: Inqusitions Post Mortem, Series I, Henry III（Description of Class C132 in The National Archievs online catalogue）；③Court of Wards and Liveries, 1540-1645: Land Inheritance（Public Record Office Information Leaflet）；④The Inquisitions Post Mortem Project（University of Winchester）。

② Bruce M. S. Campbell, James A. Galloway and Margaret Murphy, Rural Land-Use in the Metropolitan Hinterland, 1270-1339: The Evidence of "Inquisitiones Post Mortem", *The Agricultural History Review*, Vol. 40, No. 1（1992）, p. 3.

③ 封建保有类型包括：骑士役保有制、教役保有制、劳役保有制、庄园保有制、实物保有制。

佃户有直接的关系，尽管在调查中并不直接写明，但某些时候会影响调查的公正性。

较早的百户区案卷是在 1274—1275 年[1]形成的，但比较著名的是 1279—1280 年的案卷。百户区案卷描绘了一个又一个世俗的和教会的、大的和小的地产。对于许多的小地产来说，百户区案卷可能是唯一可查的资料来源。[2] 动产税（又称俗人补助金）从 1270 年开始征收，在 1290 年开始共分 7 类来进行征收，到 1332 年，分为 16 类来进行征收。[3] 动产税征收的内容包括对每一个纳税者可动产的独立评估，并且按规定的部分来进行交税。某些阶层或某些东西由官方来决定是否免税，有时某些城市不同的动产税可以混合在一起交纳，但这并不常见。动产税地方的评估官有大量的评估工作要做，但在 1334 年评估过程简化了，纳税的义务从个人交税变成他所在的农村或城市交税，而由谁来交税则由地方自行裁决。1334 年的简化评估在 1336 年再次执行，动产税也成为从封建税迈向国家税的第一步。一般认为对动产的评估都被低估了，尤其是城市的比农村的被低估得多，且有很多的物品被免税。在 1297 年的时候，动产税被低估得最多，因为这一年逃税的人最多，并且各地各时段的估值也不一样。在 1307—1322 年的动产税的估值又降低了一半。[4]

中世纪的动产税留下的记录主要分为三类：一是地方评估的档案，记录了征税员名单、动产统计及价值且记录得最详细；二是各郡的档案，记录了每一个城市纳税者的名单，以及个人和总体纳税的义务；三

---

① Helen M. Cam, *The Hundred and The Hundred Rolls*, London: Methuen & CO. LTD, 1930: xv.

② E. Kosminsky, The Hundred Rolls of 1279 – 1280: As a Source for English Agrarian History, *The Economic History Review*, Vol. 3, No. 1 (Jan, 1931): 21.

③ J. F. Hadwin, The Medieval Lay Subsides and Economic History, *The Economic History Review*, New Series, Vol. 36, No. 2 (May, 1983): 201.

④ F. R. H. Du Boulay, (ed.), *Kent Records: Documents Illustrative of Medieval Kentish Society*, Ashford, 1964: 60.

是国家档案，由财政署登记，记录了每个郡应交数额和实际交纳的金额。动产税对于评估财产，特别是评估商人的债务具有重要意义，同时它的出现也可以与海关档案相互印证、对比，从而增加了材料的真实性和可靠性。

在资料使用的方法上，与传统的使用某一地区人口变动的资料来进行研究不同,[①] 本书在大量数据的基础上，更多地结合中世纪英国社会历史发展这一特定阶段来进行考察和撰述。11—16 世纪的英国经历了历史上几个重大转折，首先是在 1066 年诺曼底公爵踏入英国，英国的封建化进一步加强，随后的几百年中伴随王位的替换，英国逐步发展；在 14 世纪中叶，英国遭遇历史上最严重的人口危机，但这场危机也孕育着机遇；在 15 世纪后期，都铎王朝建立，成为英国发展历史中的重要分水岭，王朝的建立这不仅影响到了英国自身，也对欧洲大陆产生了巨大影响。11—16 世纪的英国经历了从封建经济逐步向资本主义过渡，从传统农业社会向近代工业社会转型的时期，人口变化与这一时期的社会经济存在着互动关系，以往在论述这一时期时，学者们更多关注政治和经济方面，而本书则从人口的角度来重新审视这一长时段。此外，本书在资料上除采用传统人口学史料以外，还与经济和政治史料进行了结合，来共同描绘和研究这一时期。

第三节　学术史评述

在诸多研究中，人口是一个无法回避的问题。随着研究的不断深入，人口研究的范围不断扩大，内容也不断深入。由于人口在整个人类

---

① 可参考法国研究人口书籍 Pierre Chaunu, *Pour La Démographie Historique*, Presses Universitaires de France, 1984。

社会发展中具有举足轻重的地位，因此在人文社会科学的多个研究领域中均有涉及，具体到中世纪英国人口而言，其学术史已积淀较深，有了一定的研究基础。

一、国外学界的研究成果

（一）国外研究成果的梳理

国外对中世纪英国人口的研究，主要可以划分成三个阶段。

1. 第一阶段——研究起步与资料整理阶段（"二战"以前）

在"二战"前，中世纪英国人口并没有成为当时史学界的重要研究对象，特别是受传统史学的影响，政治史和精英人物的研究占据主流，即便是涉及人口研究，其重点也只是对一些原始资料进行整理和汇编，以及少数对前人研究成果的更正，研究方法比较单一，研究内容也比较笼统，没有进行具体的划分和剖析。

英国中世纪人口的研究真正始于 17 世纪。1662 年，约翰·格朗特（John Graunt）出版了《关于死亡表的自然观察和政治观察》（*Natural and Political Observations made upon the bills of Mortality*）① 一书。在这本书中，作者统计并研究了从中世纪开始到当时（17 世纪中叶），伦敦以及汉普郡的罗姆塞（Romsey）小镇的死亡表格，开启了关于死亡率和出生率的研究分析。这本书的问世有着巨大影响：一是这本书的出版表明了人口学这一学科的诞生，因为在这部著作中，作者关注了人口问题，特别是与死亡率相关的问题，并在普遍调查所获得的统计资料中，试图对有效的信息进行批判式的研究；二是本书作者研究人口的这一举措，激励着不同的研究者参与到寻找英国中世纪人口信息的行列中去。

---

① John Graunt, *Natural and Political Observations made upon the bills of Mortality*, London: John Martin and James Allestry, 1665.

但由于当时资料和知识的缺乏，作者只能使用不太完整的统计和自己总结出的方法来进行研究。

在约翰·格朗特影响下，马修·海尔（Matthew Hale）于 1677 年出版了作品《人类的原始组织》（*The Primitive Organization of Mankind*）[1] 一书。在这本书中，作者不仅提到了约翰·格朗特所做的贡献，而且从当时两种尚未正式出版的资料中寻找关于人口的资料——《末日审判书》（*Domesday Book*）和 14 世纪早期的村庄列表。在书中，他将《末日审判书》中一些地方的农民数量与自己所生活的时代进行比较，认为他所生活的时代的居民超过"末日审判"时期的 20 倍，但是他根据自己所列出的其他数据则显示出这种增长并没有超过 7 倍。

1689 年，一位匿名的作者出版了《论宗教改革以来英格兰的人口与贸易增长》（*A Discourse of the Growth of England in Populousness and Trade since the Reformation*）[2] 一书。在这本书中，作者对马修·海尔提出了疑问，他认为如果马修·海尔的方法是正确的，他的估算应当包括"末日审判"时期村庄的土地持有者的数量，然后与他所生活的这个时期需要劳动力的数量来进行比较，但马修·海尔只关注了农民的数量。该作者认为将中世纪的彼德金（或是罗马税金）与他所生活年代的壁炉税进行比较，这是一个捷径。因此他估算中世纪人口"自千禧年以来"（即自 1000 年以来）是当时（即作者所处年代）人口的 4 倍。

1785 年，约翰·陶汉姆（John Topham）出版了关于《1377 年人头税报告》，报告中信息被频繁地使用，这些报告中关于俗人的数据被 C. 欧曼（C. Oman）在 1906 年出版的《1381 年大起义》（*Great Revolt of*

---

[1]　Matthew Hale, *The Primitvie Organization of Mankind*, London, 1677.

[2]　*A Discourse of the Growth of England in Populousness and Trade since the Reformation*, 1689.

1381)① 一书和戴维斯（Davies）在 1926 年出版的《中世纪英格兰文明史的材料说明》（*Documents illustrating the History of Civilization in Medieval England*)② 一书中使用。但是这些报告中的数据不包括 14 岁以下的儿童、乞丐，柴郡以及达勒姆郡的居住者。另一位学者乔治·查尔莫斯（George Chalmers）关于未纳税者有自己不同的估计，他首先估计 $\frac{2}{5}$ 的人口为儿童，其中的 $\frac{1}{3}$ 在 13 岁以上，他认为逃避税收的人和乞丐以及儿童的总数相加等于纳税的人口，其次他的估计中有一些地区没有包括：即约克郡、柴郡、康沃尔郡、达勒姆郡和诺森布里亚地区没有包括其中。同时，乔治·查尔莫斯和大卫·麦克弗森（David MacPherson）运用自己的方法对 1377 年人头税的估算进行了修正，乔治·查尔莫斯认为逃税者和乞丐的数量以及儿童的数量与纳税者的人数相当，同时他认为相同的税金与领土的规模无关。而大卫·麦克弗森追随查尔莫斯的方法，增加了 50%的人口来估算儿童的数量，认为 132,992 人是一个对于未纳税者很好的估计，即整个英国为 250 万人口。而第一个试图去证明 1377 年人头税正确性的是英曼（Inman），在他 1900 年出版的著作《末日审判和封建统计》（*Domesday and Feudal Statistics*)③一书中，他挑选了约克郡的名叫克拉罗的一个小村庄，该村庄能够体现出 1377 年人头税报告的"不完整"和 1379 年报告的完整（即 16 岁及其以上的人都记录在册）。他发现"相比于 1377 年 14 岁以上的人们，在 1379 年事实上拥有更多的 16 岁以上的居民，这表明了并不只是部分纳

---

① C. Oman, *Great Revolt of 1381*, Oxford：Oxford University press, 1906.

② Davies, *Documents illustrating the History of Civilization in Medieval England*, London：Methuen & CO. LTD, 1926.

③ A. H. Inman, *Domesday and Fedual Statistics*, London：General Books, 1900.

税者要逃避税收"①，然后他用 1379 年克拉罗村庄结婚年龄的比例与 19
世纪英格兰的数据作比较，发现在 1379 年已婚人群数量增多，他认为
已婚的比例事实上具有代表性（因为结婚会被记录在册），因此认为许
多未婚者都在逃税。由此，他试图更正 1377 年总人口数量，认为总人
口大约为 306.9 万人。

亨利·埃利斯（Henry Ellis）在 1833 年出版了《末日审判书概说》
(A General Introduction to Domesday Book)② 一书，埃利斯认为《末日审
判书》体现出了许多人口研究的复杂问题。梅特兰（F. W. Maicland）在
1897 年出版的《末日审判书及其他》（Domesday Book and Beyond)③ 一
书中，注意到被忽略的几个团体：伦敦和温彻斯特可能结婚的男性数量
以及领主所持有的房屋数量。他选择了一些小众的群体作为研究关注
点，这些群体数量是之前研究所估计的两倍或两倍以上，因为梅特兰发
现他们在许多地方都持有土地。因此，梅特兰选择 5 作为可能的系数来
乘以土地持有者的数量，从而获得全体人口的数量，即英格兰人口数量
为 137.5 万人。梅特兰著作的出版更广泛地分析了此前英曼所统计的中
世纪各个阶段的资料。这些资料应该被更深入地讨论和分析，但事实并
非如此。后来，梅特兰又在英曼研究的基础上采取了一个大约总数为
30 万住户的数量，估计每户人家大约有 6 口人，得出总数为 180 万
人。④ 同样他试图使用一个正确估算林肯、诺福克和萨福克郡的办法，
而所采用的方法是估计在这些地方男人的比例与牛的比例相同，他认为

---

① J. C. Russell, *British Medieval Population*, Albuquerque：The University of New Mexico
Press, 1948：9.

② Henry Ellis, *A General Introduction to Domesday Book*, London：Clearfield, 1833.

③ F. W. Maitland, *Domesday Book and Beyond*, Cambridge：Cambridge University Press,
1897.

④ F. W. Maitland, *Domesday Book and Beyond*, Cambridge：Cambridge University Press,
1897：437.

在这些地方存在太多低阶层的人们，尤其是维兰在其中。这些结论的获得是基于他的众多估算以及关于早期封建和农业的想法。

关于"末日审判"中的城镇人口问题，埃利斯细致地分析每个郡中城镇的数据，他给出了他所清点的每个城镇或其他地方的牲畜的数量。但是在城镇人口数量中的问题很复杂，因为在"末日审判"中并没有直接的城镇人口记载。A. 巴拉德（A. Ballard）在 1904 年出版的《末日审判时期的自治城市》（*The Domesday Boroughs*）① 一书中，在城市人口问题研究方面取得了一定成果。卡尔·斯泰普森（Carl Stepson）1933 年出版的《自治市与城市》（*Boroughs and Towns*）② 和泰特（Tait）1936 年出版的《中世纪英格兰自治城市》（*The Medieval English Borough*）③ 关注到了这个问题，他们为这一时期学者对于城市的研究做出了许多贡献。斯泰普森的主要贡献在于汇编了城镇的表格和地图，而泰特从将"市民"等同于"住户"这一角度来理解城市的人口。

达比（H. C. Darby）在 1936 年出版的《英格兰经济地理，1000—1250 年》（*Economic Geography of England*, *A. D. 1000-1250*）④ 书籍中使用了大量《末日审判书》中关于荒地、森林、英格兰村庄、城市和商业的数据，但是他并未进一步去讨论人口的问题，他认为"末日审判所体现的人口是不完整的"⑤，尽管他也曾试图使用这些不完整的数据来估算英格兰每平方米所登记的成年人口的密度。

在"二战"前，黑死病时期的人口研究亦是比较受关注的话题。在 1865 年的《双周评论》（*Fortnightly Review*）中，西伯姆（Seebohm）

---

① A. Ballard, *The Domesday Boroughs*, Oxford：Oxford University Press, 1904.
② Carl. Stepson, *Boroughs and Towns*, Cambridge, 1933.
③ J. Tait, *The Medieval English Borough*, Manchester, 1936.
④ H. C. Darby, *An Historical Geography of England before A. D. 1800*, Cambridge, 1936.
⑤ H. C. Darby, *An Historical Geography of England before A. D. 1800*, Cambridge, 1936：210.

认为黑死病使得一半的人口失去了生命。但是罗杰斯（Rogers）则认为在黑死病中有 $\frac{1}{3}$ 的人口死亡，并且这一损失很快就被过多的出生人口弥补。总体说来，这些估计并不是十分全面而准确的。1911 年和 1914 年，A. 汉密尔顿·汤普森（A. Hamilton Thompson）先后发表了文章《林肯郡主教约翰·吉尼韦尔的调查：1349—1350 年》（*The Registers of John Gynewell, Bishop of Lincoln, for the years, 1349-1350*）[1] 和《14 世纪约克主教教区的瘟疫》（*Pestilences of the Fourteenth Century in the Diocese of York*）[2]，这两篇文章比较公允，作者认为人口问题的不准确性来源于数据的缺乏、多元化以及不确定性，如教士的俸禄等。这种质疑的倾向延续到了剑桥大学的 J. 伦（J. Lunn）身上，他致力于研究更多的教区资料来解决人口的问题。J. 伦的这些研究表明在第一次瘟疫中教士的人口下降了 40%，以此来估算总体的人口趋势。库尔顿（G. G. Coulton）教授也在其著作《中世纪的全景》（*Medieval Panorama*）[3] 一书中概括了 J. 伦的研究成果。

　　以上的这些研究给英国的中世纪人口研究描绘出了一个脉络，虽然这些研究大多只是对原始资料的总结和概括，但仍然给后来的研究者们提供了十分有效的指导和借鉴。

　　2. 第二阶段——初步研究阶段（"二战"后到 20 世纪六七十年代）

　　20 世纪上半叶正是新旧史学交替的时期，新史学得到不断壮大。特别是在六七十年代，一方面由于新史学的发展，对适合新史学范式的各种新方法和研究课题进行探索，跨学科的方法取得了较大成功。如果

---

[1]　A. Hamilton Thompson, The Registers of John Gynewell, Bishop of Lincoln, for the years, 1349-1350, *The Archaeological Journal*, 68 (1911): 301-360.

[2]　A. Hamilton Thompson, Pestilences of the Fourteenth Century in the Diocese of York, *The Archaeological Journal*, 71 (1914): 97-154.

[3]　G. G. Coulton, *Medieval Panorama*, Cambridge: Cambridge University Press, 2010.

说之前各学科处于分割状态，彼此之间至多只是借用一些结论的话，那么在这一阶段各学科都感到有统一的必要，都需要有能融合各学科优势的跨学科方法。这是由于对历史学与社会科学之间关系的看法发生了改变，由此出现了跨学科的"黄金时期"，其特点是在进行跨学科的基础上，形成新的学科。20 世纪六七十年代的跨学科研究是有新意的，其表现是：不只是从其他学科借用资料和方法，还对各学科研究对象进行统一，甚至是建构跨学科的研究对象。① 英国中世纪人口的研究借鉴了诸多别的学科的方法，如人口学、考古学等。

　　这一时期英国中世纪人口研究的代表之作就是拉塞尔（J. C. Russell）的《英国中世纪人口》（*British Medieval Population*）②（1948）一书。在这本书中，拉塞尔系统地阐述了中世纪英格兰人口的问题，认为平均每户的人口系数应为 3.5 人，对之前梅特兰所提出的平均每户 5 人进行了修正。他认为中世纪英格兰的人口模式类似于今天的落后国家，并对人口的总数进行了估计，认为 1377 年的人口比 1348 年的人口少了 40%，1348 年的人口约为 370 万，在 15 世纪早期，人口约为 210 万，随后人口增长缓慢，直到 1545 年，人口才接近 320 万。同时，他认为人口的增长伴随着城市化的进程，在书中亦涉及之前很少有研究成果所涉及的城市人口问题。

　　另一个代表人物则为 M. M. 波斯坦（M. M. Postan），他在其著作《中世纪的经济和社会：中世纪英国经济史》（*The Medieval Economy and Society：An Economic History of Britain in the Middle Ages*）③（1975）中，从三个方面谈到了中世纪英格兰的人口。第一，对人口材料的使用和估

---

① 陈启能. 二战后西方历史学的发展趋势 [J]. 学习与探索, 2002（1）：15.

② Josiah Cox Russell, *British Medieval Population*, Albuquerque：The University of Mexico Press, 1948.

③ M. M. Postan, *The Medieval Economy and Scoiety：An Economic History of Britain in the Middle Ages*, Penguin Books Ltd, Harmondsworth, Middlesex, England, 1975.

计，主要讲了《末日审判书》和 1377 年人头税报告这两大材料。作者认为《末日审判书》中没有直接记录总佃农直接持有的土地和单个佃农家庭的规模，基于这两点，无法对总人口做具体的推测。至于每个家庭的人口规模，波斯坦提到拉塞尔认为每户人口不多于 3.5 人，而其他一些史学家认为每户人口多于 3.5 人，更接近于 5 人，这也是梅特兰之前所估计的。关于 1377 年人头税报告，波斯坦认为报告中的人口和从庄园档案中所估算的人口偏差率达到了 25%，而 14 岁以下免税人口，拉塞尔估计是 35%，而有史学家认为这一数据应大于 35% 而不超过 45%。第二，从其他方面来分析影响人口变化的因素。如土地的开垦和使用，土地短缺和农业歉收等。例如在 13 世纪末有数不清的方法来解决土地短缺，如购买或和嫁妆丰厚的女子结婚，和寡妇结婚等。通过对土地使用资料的研究，可以估算出人口。第三，人口的发展趋势。这一点波斯坦着重提到了人口在 1348 年前后的变化和黑死病对人口的影响，他认为黑死病阻止了人口在随后 100 年或 150 年的恢复，同时还提到了劳动力与工资水平的相互关系，人口过剩的自我治愈和人口的恢复。

这一时期，最重大的一个学术进展是在 1964 年剑桥大学成立了专门研究历史人口的机构——剑桥人口和社会结构史小组（the Cambridge Group for the History of Population and Social Structure），该研究所由爱德华·安东尼·里格利（Edward Anthony Wrigley）和彼得·拉斯利特（Peter Laslett）两人共同建立，使得英格兰史坛涌现出了一大批研究人口的学者及成果。例如，J. D. 钱伯斯（J. D. Chambers）的著作《工业革命前英格兰的人口、经济和社会》（*Population, Economy, and Society in Pre-Industrial England*）[1]（1973），这本书中钱伯斯的理论最具特色的部分是他强调了被他称为生物因素的重要作用，即疾病，尤其是流行

---

① J. D. Chambers, *Population, Economy, and Society in Pre-Industrial England*, London: Oxford University Press, 1973.

病。他认为"调查中最突出的因素就是生物因素，特别是出现在工业革命前的人口中，即使在没有马尔萨斯主义的情况下。"自然压力的偶然运动不仅可以消灭当地的人口，也可以影响全国的人口数量。可能在一系列情况的偶然作用下，加重了疾病的负担或是在自然状况改善的情况下使得人口增长到一定的水平，而后者的情况也伴随着先进的技术发展到一定水平。相比食物的短缺和瘟疫，死亡率更受疾病的影响，事实上"人口长期趋势的变化在起先是非经济的"，随后一旦一种趋势已经形成，则具有重要影响力的经济因素通过市场作用力影响供求，即在提供就业机会和婚姻率及生产率的影响下作用于人口趋势。在书中，钱伯斯也略微提到了人口理论，他几次提到变化的死亡率是影响人口年龄结构的重要因素。另一个较为突出的学者是理查德·M.史密斯（Richard M. Smith），他长期在研究所的"人口、健康和历史"小组（Population, Health, Histories Group）从事研究。早期他的研究集中于中世纪英格兰的农民实践活动和这些活动对于财产变更、亲属以及社会关系网的影响，随后他的研究兴趣扩大至对庄园案卷的分析，以及对中世纪婚姻模式的研究，他与齐维·拉兹（Zvi Razi）于1966年主编了《中世纪的社会和庄园法庭》（*Medieval Society and the Manor Court*）① 一书，此书的可取之处在于书的最后有非常丰富的参考文献和一个长达68页的附录，包含英国中世纪庄园法庭案卷中各类的人口分析，在这些资料中，只有相关的两篇文章曾经发表出来，这些资料有很高的史学价值。

而1968年，在社会科学研究委员会（Social Science Research Council）的资金支持下，剑桥人口和社会结构史小组的成员与业余志愿者们一起，对地方材料进行整理和分析，创立了《地方人口研究杂志》（*Local Population Studies Journal*）。该杂志一年出版两期，杂志的研究重点是英

---

① Zvi Razi and Richard M. Smith, （eds.），*Medieval Society and the Manor Court*，New York：Clarendon Press，1966.

国的地方人口。许多著名的学者在该杂志上发表过文章，如爱德华·安东尼·里格利（Edward Anthony Wrigley）、彼得·拉斯利特（Peter Laslett）、J. D. 钱伯斯（J. D. Chambers）和 R. S. 斯科菲尔德（R. S. Schofield）等，这些人都是剑桥人口和社会结构史小组的代表人物。虽然该杂志的重点是讨论英国近现代和当代的人口①，但这并不影响该杂志对研究英国中世纪人口的推动作用。

新史学彡卓所带来的新气象，在这一时期，许多学者从跨学科的角度来研究中世纪的英国人口。科林·普拉特（Colin Platt）在《中世纪英格兰：从诺曼征服到 1600 年间的社会史与考古学》（*Medieval England: A Social History and Archaeology from the Conquest to 1600 A. D.*）② 一书中回顾了几个时期的气候、经济、医疗和政府状况，对了解中世纪人口的历史有很大的辅助作用。R. S. 戈特弗里德（Robert S. Gottfried）在《15 世纪英国的流行疾病：医学的反映和人口的结果》（*Epidemic Diease in Fifteenth Century England: The Medical Response and the Demographic Consequences*）③ 一书（1978）中通过对遗嘱的统计和对遗嘱文件的分析，作者认为影响死亡率最重要的因素是流行疾病，尤其是瘟疫。瘟疫最主要的特点不是它的毒性，而是流行的频率较高。作者发现 15 世纪

---

① 《地方人口研究杂志》从 1968 年创刊到 2013 年秋季一共出版 82 期，其中有 5 篇直接涉及英格兰中世纪人口：（1）Graham Twigg: The Black Death: The Problem of Population-wide Infection；（2）David Postles: The Changing Patterns of Male Forenames in Medieval Leicestershire and Rutland to c. 1350；（3）John S. Lee: Tracing Regional and Local Changes in Population and Wealth during the Later Middle Ages Using Taxation Records: Cambridgeshire 1334-1563；（4）Susan Scott and C. J. Duncan: Research in Progress: Characteristics of Population Cycles in Pre-industry England；（5）Martin Ecclestone: Mortality of Rural Landless men before the Black Death: The Glastonbury Head-tax Lists。

② Colin Platt, *Medieval England: A Social History and Archaeology from the Conquest to 1600 A. D.*, New York: Charles Scribner's Sons, 1978.

③ Robert S. Gottfried, *Epidemic Diease in Fifteenth Century England: The Medical Response and the Demographic Consequences*, Leicester: Leicester University Press, 1978.

"在全国范围内流行疾病的暴发至少7次，可能是10次，甚至可能是11次"。通过对另外一些叙述性资料的分析，表明死亡率最高的季节是秋天；人口的财富和人口的流动性在一定程度上影响了瘟疫的发生，教士是一个具有周期性死亡特点的职业，与普通的死亡率不同；城市地区并没有比农村地区流行更多的疾病。在15世纪这一时间段的遗嘱中，结婚率很高，但是儿童的辈间替代率出奇地低。立遗嘱者中有超过50%的人在这一代中没有存活的儿子，家庭中只有一个孩子的不超过调查的一半，家庭中有儿又有女的则少于20%。但这些数据并不能完全代表现实情况，它们和死亡率一起表现出当时人口的高度不协调。N. J. G. 庞兹（N. J. G. Pounds）的《中世纪欧洲经济史》（*An Economic History of Medieval Europe*）① （1974）一书，从罗马帝国晚期开始，讨论了中世纪的扩张，人口的增长，农业、城市、制造业的发展等。在谈到人口方面，作者认为经济增长意味着人口增长，欧洲中世纪人口历史可划分为三个阶段：中世纪早期，人口下降或保持稳定阶段；人口增长阶段，从10或11世纪到13世纪末，这一阶段最明显的人口增长证据来自英国的《末日审判书》；最后两个世纪14、15世纪为一个阶段，这一阶段人口先下降、后动荡，在15世纪晚期出现上升趋势。中欧、东欧与西欧有着不同的环境，因此在影响人口的因素上也有所不同。例如，中世纪波兰很少受到战争的威胁，在11—17世纪几乎没有什么大的战争，但是西欧情况却并非如此。

这一时期中世纪英国人口的研究，跨学科的方法有了很大程度的使用，不同学科的理论知识都有所运用，例如由法国人口学家路易·亨利所提出的"家庭重构法"对原始资料，特别是教会资料进行了收集、

① N. J. G. Pounds, *An Economic History of Medieval Europe*, 2ⁿᵈ ed. London and New York: Longman, 1974.

分析、处理。其次是这一时期的研究对象也不再是人口本身那样单一，历史学家们还从农业、经济、社会等与人口的不同联系来对人口进行研究，研究对象趋于复杂化和融合化。最后由于剑桥大学成立了专门研究历史人口的机构——剑桥人口和社会结构史小组。因此，这一时期英国中世纪人口的研究趋于系统化，有固定的组织，研究力量更为集中，研究成果也较此前更为突出。

3. 第三阶段——深化研究阶段（20 世纪 80 年代至今）

20 世纪 70 年代末 80 年代初，学界认为新史学发生危机的呼声不绝于耳。大致从这时开始，战后的新史学进入一个新阶段。史学界也开始发生新的变化，研究不再追求"长时段"结构，而是注重历史上的"当事人"。这一特征反映在中世纪英国人口的研究上表现为研究范围的具体化、研究时段的具体化和研究人物的详细化，同时伴随着考古资料和原始档案的不断发现和整理，英国中世纪人口不断产出新的学术成果。

这一阶段，地区性的研究有所增加，具体区域人口研究亦有所增强。例如，L. R. 普斯（L. R. Poos）的《黑死病以后的乡村社会：从 1350—1525 的埃塞克斯郡》（*A Rural Society after the Black Death：Essex，1350-1525*）[①]（1991）一书，实际是从考量具体地方的角度来看待整个英国，甚至是欧洲的问题。这本书从土地持有、工资水平和精神状况来进行分析说明了这一地区商业活动的特点；其次，结合事实论述了 14、15 世纪的婚姻模式。与其他一些论述人口的著作不同，该书作者在谈到黑死病后人口恢复的问题时不再一味强调直接的死亡率，更多谈论的是结婚率，他认为结婚率是影响人口的重要因素。作者笔下黑死病后的埃塞克斯郡不再是神秘中世纪中的地狱，相反，这一时期的埃塞克

---

① L. R. Poos, *A Rural Society after the Black Death：Essex，1350 - 1525*, Cambridge：Cambridge University Press, 1991.

斯已具备了早期现代的一些特征。作者强调了婚姻的重要性,但是在论述推迟婚姻的问题上,作者笔下的雇主对雇工一年合同的影响未免被夸大了,而雇工的地位也并非想象中那样低下。齐维·拉兹(Zvi Razi)的《一个中世纪教区的婚姻和死亡:1270—1400 年黑尔斯欧文的经济、社会和人口学》(*Marriage and Death in a Medieval Parish: Economy, Society and Demography in Halesowen 1270 - 1400*)① (1980) 一书详细介绍了1270 年至 1400 年黑尔斯欧文这一教区的人口趋势、男性辈间替代率、死亡率、结婚趋势、婚姻模式和私生现象等,值得注意的是,作者在这部著作中详细介绍了庄园法庭案卷的使用,为人口史的研究提供了材料使用上的便捷。R. H. 布里奈尔(R. H. Britnell)的《科尔切斯特的成长与衰落:1300—1525》(*Growth and Decline in Colchester: 1300 - 1525*)② (1986) 一书从当地人口的职业入手,将这一个长时间段划分为三个小时间段,分别为:1300—1349 年、1350—1414 年、1415—1525 年。第一阶段的人口,即 1300 年的人口为 3000—4000 人,而在1350 年的人口则少于 3000 人,主要是受到黑死病的影响。关于第二和第三个阶段的划分依据,作者根据相关资料来查看谷物磨坊、酒商处罚记录、酿酒者处罚记录等,这些记录多数都产生于 1390—1414 年,因此,可以发现在 1414 年科尔切斯特达到了中世纪人口的高峰,到 1450年人口数量的减少仍是较小的。15 世纪人口的减少主要从两方面体现,一是纳税者补贴记录,虽然这些记录没有完全概括出该地的住户,但是相较于诺维奇和布里斯托尔等地,但科尔切斯特纳税者补贴所忽略的人口相对较少,据此估计在 1524 年,此处人口大约为 5278±754 人。二是

---

① Zvi Razi, Life, *Marriage and Death in a Medieval Parish: Economy, Society and Demography in Halesowen*, *1270-1400*, Cambridge: Cambridge University Press, 1980.

② R. H. Britnell, *Growth and Decline in Colchester: 1300 - 1525*, Cambridge: Cambridge University Press, 1986.

该地的红皮书显示在 1534 年有 1135 名男性在列，相比 1377 年人头税报告少了 $\frac{1}{3}$。另外，在科尔切斯特人口中必须考虑的问题是移民，从黑死病到 1415 年人口恢复较快，但是在 1415—1450 年人口的恢复较为平缓，而少量的向外移民进一步阻止了人口的增长，整个 15 世纪，科尔切斯特的年轻人大多移民至伦敦，导致人口的恢复动力不足。

一些经济史和农业史的著作也对英国中世纪人口有所关注和分析，1972 年由奇波拉（Cipola）主编的《欧洲经济史》（*The Fontana Economic History of Europe*）丛书①中的第一卷中世纪时代中，拉塞尔论述并分析了 500—1500 年欧洲的人口，并对中世纪欧洲的人口特点进行了概括。在谈到英国时，拉塞尔认为从 1377 年人头税报告可得出英国当时的家庭大约每户 2.4 个或 3.5 个成年人，更接近于 3.5，由此他在英国的人口估算中以 3.5 为每户人口系数。在谈到英国大城市对总体人口的影响时，拉塞尔认为在 1086 年和 1377 年，伦敦人口占整个英国人口的1.5%。同时，他认为英国的死亡登记有一定的局限性，因为妇女涉及得不多，幼儿的材料也不充足，主要是由于很少有人在幼儿时期就继承家业。另外，拉塞尔认为登记只提供了一个阶级的社会分析资料，即土地持有者阶级，因此得出的数据并非完整。同样在由琼·瑟斯克（John Thirsk）主编的《英国和威尔士农业史》（*The Agrarian History of England and Wales*）② 中对 1086—1350 年英国人口的变动进行了详细分析，书中谈及有一半以上的人居住在 13 个郡，接近 $\frac{1}{3}$ 的人居住在东部五郡，但对英国西部缺少完整的数据，这一时期对西部居民没有进行翔实的调

① Cipola, (ed.), *The Fontana Economic Histroy of Europe*, William Collins & CO. LTD, Glasgow, 1972.
② John Thirsk, (ed.), *The Agrarian History of England and Wales*, Vol. II, *1042-1350*, Cambridge University Press, 1988.

查，只能根据持有土地者和农户来进行数据的比较。

同时，这一阶段的人口研究与其他领域的研究结合得更为紧密，更具多样性。例如，与景观学相结合，代表作为保罗·斯拉克（Paul Slack）和里克·沃德（Ryk Ward）主编的《英国人口的历史：人类景观的形成》（*The Peopling of Britain：The Shaping of a Human Landscape*）① （2002），编者选用 Richard（理查德）的文章，认为 1250—1670 年是人口变化的一个长周期。在谈到与人口周期相关的问题时，编者提到了环境因素、气候、人口入侵以及耕地，认为这些因素都与人口密切相关。在解释人口周期时，编者运用到了马尔萨斯理论，通过马尔萨斯模型分析了人口、实际工资和出生/死亡率的关系，将内因性和外因性因素融入到人口周期的分析中。

人口研究与城市研究相结合，代表作为 D. M. 帕理泽（D. M. Palliser）主编的《英国剑桥城市史第一卷：600—1540》（*The Cambridge Urban History of Britain，Vol. 1：600-1540*）② （2000），书中理查德·霍尔特（Richard Holt）分析了这一时期的人口，他关注人口日常的饮食和城市的高死亡率。霍尔特认为到 1300 年英国变得城市化，大城市包含大量人口的分布，北部和西部的城市少一些，而东盎格利亚和英国东南部紧随米德兰地区，成为最具城市化的地区。霍尔特根据《末日审判书》记载，认为在 1086 年大约有 7% 的家庭生活在城市，大约有10% 的英国人口生活在城市。霍尔特认为到了 1300 年，至少有一半的人口居住在小城镇。12 世纪和 13 世纪有大量的人口迁移到正在扩大的城市中，但是这些人与原住人口在生活条件上有很大的差距。城市居民

---

① Paul Slack and Ryk Ward, *The Peopling of Britain：The Shaping of a Human Landscape*, Oxford University Press, 2002.

② D. M. Palliser, (ed.), *The Cambridge Urban History of Britain, Vol. 1：600 - 1540*, Cambridge：Cambridge University Press, 2000.

的死亡率高，城市中犹太人死亡率更高，能活到超过 55 岁的男性和女性比例分别为总犹太人口的 5% 和 3%。

从人口学角度来论述英国人口的代表作为 P. M. G. 哈里斯（P. M. G. Harris）的《人类人口史》第一卷《增长和衰落的模型》（*The History of Human Population*, *Vol. 1*：*Forms of Growth and Decline*）[1]（2001）。书中谈到了英国 1086 年至 1377 年人口的发展曲线，并以拉塞尔的观点为基础加以分析，哈里斯认为"从 1066 年到 13 世纪，在 1250—1269 年，是 G 趋势（增长的趋势），而第二个 G 趋势在 1260—1348 年，此外在这一个半世纪中有一些上涨和下降的趋势没有确切的资料支撑。拉塞尔则是基于他对 1348 年、1350 年、1361 年、1369 年、1374 年死亡率的计算，得出了人口的估计。1343 年，英国人口开始了第一个 D 趋势（衰落的趋势）。根据 1377 年的数据，人口低于前几年数据估计的趋势，到 15 世纪早期英国又陷入了第二个人口衰落的 D 趋势"[2]。但书中对 G 趋势和 D 趋势的估计仅是基于拉塞尔一家之言，缺乏足够的说服力。

总体而言，相较于前两个阶段，这一阶段的英国中世纪人口研究更多的是将前人数据与现实问题相结合，许多优秀的学者也纷纷加入到研究中来，学科间相互影响加强，研究方法也趋于多元化。

（二）有关中世纪人口变化的主要理论

在中世纪数百年中，人口一直在社会变迁和发展中占据重要地位。人口的发展在中世纪经历了不断的起伏和沧桑变化后，人口发展的背后似乎总有一股巨大的力量在影响着它。史学界亦对这股"巨大的力量"

---

[1]　P. M. G. Harris, *The History of Human Population*, *Vol. 1*：*Forms of Growth and Decline*, London：Greenwood Press, 2001.

[2]　P. M. G. Harris, *The History of Human Population*, *Vol. 1*：*Forms of Growth and Decline*, London：Greenwood Press, 2001：385.

有不同阐释，其阐释的关键则是在中世纪究竟是什么因素影响了人口的变化。

对中世纪人口变化的分析，可归纳为以下几种理论。

1. 马尔萨斯主义

也称人口论学派，即马尔萨斯学派。虽然在马尔萨斯以前，已有先驱提出了人口增长的制约因素。例如，意大利早期重商主义者乔万尼·保泰罗（重商主义学派代表人物），他认为生活资料的匮乏抑制了人口的增长；[1] 还有罗伯特·华莱士，他认为人口增长受到了两种因素的制约，一是气候变化、土壤贫瘠、地震、洪水和瘟疫等自然因素，二是战争、贫困、宗教、失业、怠惰和奢侈等社会因素。[2] 虽然他们的人口思想为马尔萨斯人口理论的形成提供了充分的养料，但都不如马尔萨斯人口理论影响重大、都未形成深厚的理论体系。

马尔萨斯在其著作《人口原理》中论述了其基本思想，他认为"人口的增长率无限大于土地为人类提供生产生活资料的能力"[3]，因此"人口若不受到抑制，便会以几何比例增加，而生活资料却仅仅以算术比例增加"[4]。于是，马尔萨斯认为必须对人口的增长采取一定的抑制措施。关于如何具体地抑制人口的增长，马尔萨斯的思想也是经历了一个发展的过程。在《人口原理》最初版本（1798 年版）中，他认为如何使人口和生活资料保持均衡，主要是依靠自然原因（包括事故和衰老）、灾难（战争、瘟疫及各类疾病）和罪恶（他认为这里的罪恶包括杀婴、谋杀、节育和同性恋）来控制。在《人口原理》第二版（1803

---

① 李仲生：《欧美人口经济学说史》，北京：世界图书出版公司 2013 年版，第 32 页。

② 李仲生：《欧美人口经济学说史》，北京：世界图书出版公司 2013 年版，第 33 页。

③ ［英］马尔萨斯：《人口原理》，丁伟译，兰州：敦煌文艺出版社 2007 年版，第 19 页。

④ ［英］马尔萨斯：《人口原理》，丁伟译，兰州：敦煌文艺出版社 2007 年版，第 19 页。

年版）中，马尔萨斯又将他所认为抑制人口增长的另一个关键因素纳入书中，即道德抑制因素。两个版本之所以出现内容的不同，是由于作者本身也有过不同的写作背景，在第一版时，马尔萨斯仅是初出茅庐的一位新人，其思想体系并非十分完善，作品更多是出于对其他学者思想上的回应，正如他第一版书名为《论影响社会改良前途的人口原理，以及对葛德文先生、孔多塞先生和其他作家推测的评论》（也被称为《人口原理》），正是其写作目的的最好体现。

　　前辈们的思想不断影响着马尔萨斯思想的成长。例如，他受到葛德文代表作《论政治正义及其对道德和幸福的影响》的启发，与葛氏进行了深入的探讨。葛德文在其代表作中认为理性是支配动物生活的真正动力，它将把人类引上不断改良和日趋完善的道路，同样理性的统治，使人口增加超过生活资料的增加成为细小的问题，不值得加以考虑。同时葛德文还认为人口与生产资料相适应是人类社会的基本规律，解决社会人口过度增长的困难，这在遥远的未来才会产生。针对葛德文的这些思想，马尔萨斯有反驳之处，亦有继承之处。等到马尔萨斯出版第二版《人口原理》时，书名已变为《人口原理，或关于其过去及现在对人类幸福影响的见解；以及有关我们将来消除或减轻由此而引起灾难前景的研究》（也被称为《人口原理》）。在这一版中，马尔萨斯提到了道德抑制因素，相比于自然因素的抑制作用，他更倾向于道德的抑制，他所认为的道德抑制应包括采用晚婚和禁欲的手段来控制人口增长。同时，他还认为这种抑制应该只针对劳动群众和贫困阶级，因为较低的社会阶层对社会的弊端需要承担较大的责任，这也导致了英国政府推动立法手段使英国穷人生存状况更为恶化，但也确实缓解了人口的增长。

　　马尔萨斯的《人口原理》是当时最早的人口学著作之一。他本人也因此书被称为"人口马尔萨斯"。他在著作获得成功的同时，也收获了一部分的支持者。其中，包括大卫·李嘉图和约翰·斯图亚特·穆勒。大卫·李嘉图吸收了亚当·斯密的经济发展论和马尔萨斯的人口论，提出了收益递减规律。他认为人口首先居住在土地富饶的地方，人口需求的增加和对食品需求的增加导致越来越多的人来到已经耕种过的地方，并且开垦之前闲置的土地。人口在较早定居人口的土地上的收益递减非常明显。① 由此他认为制约人口的因素是土地与人力的关系。他在《李嘉图著作和通信集》中谈道："在最有利的条件下，生产力虽然可能仍大于人口的繁殖力，但这种情形不会长期继续下去。因为土地的数量是有限的，质量也各不相同，土地上所使用的资本每增加一份，生产率就会下降一分。"② 另一位继承者约翰·斯图亚特·穆勒，他的理论基础来自马尔萨斯人口论中的人口呈几何级数增长的观点，认为人口自然增长率是无限的，同时他又断言，生产资料的增长也很快，但也存在着贫困、饥饿等限制人口增长的各种因素。③ 他认为应该从生产的角度来限制人口增长，国家需要限制对分配的不公，即便是国家在面对分配不公时可以进口粮食或是向外移民，也需要限制人口。同时，他还认为人口的增长最终要受到工资铁律的制约。从这一角度来看，穆勒的观点比马尔萨斯更先进一些，他是从经济学的角度来论述如何制约人口的增长。

2. 马克思主义人口思想

马克思主义人口理论是由马克思和恩格斯提出的，这一人口理论的提出最早是受到了马尔萨斯人口论的影响。马尔萨斯人口论，强调了人口所带来的消极作用，从而导致对人口持悲观态度的结论，而马克思和恩格斯人口理论的提出正是为了摆脱这种对于人口的悲观情绪。马克思

---

① John Hatcher and Mark Bailey, *Modelling the Middle Ages*: *The History and Theory of Englands Economic Development*, Oxford University Press, 2001: 24.

② ［英］彼罗·斯拉法：《李嘉图著作和通信集》，寿勉成译，北京：商务印书馆 2011 年版，第 187 页。

③ 李仲生：《欧美人口经济学说史》，北京：世界图书出版公司 2013 年版，第 46 页。

主义人口理论的核心是"人口相对过剩规律"，这一规律最早是由恩格斯在《英国工人阶级的状况》①中提到的。而马克思指出："不同的社会生产方式，有不同的人口增长规律和过剩人口增长规律。"②由此看出马克思认为过剩人口是一个历史的范畴，不同历史时期的社会生产方式，人口的过剩问题应当分别看待。马克思在谈到资本主义社会以前的人口过剩问题时提到，"随着生产条件变化，收缩或扩大——狩猎民族的过剩人口与雅典人不同，而雅典民族的过剩人口与日耳曼人不同——过剩人口率和人口率会随生产条件发生变化"③。由此可以得出，马克思在谈论资本主义社会以前的过剩人口问题时，认为人口和过剩人口一样都是由社会生产方式所决定的。恩格斯关于资本主义社会以前的人口问题除了认同马克思关于社会生产方式决定人口的观点之外，他还提出了有关人口流动的问题，在《论住宅问题》④中，他指出第一次大分工即城市与乡村的分离使得农村人口陷入了愚昧，从而导致了城乡人口发展的不均衡，这一观点同样可以在恩格斯的《论住宅问题》一书第二版序言⑤中发现。此外，在《论住宅问题》中，恩格斯还论述了英国人口的分布受到自然地理因素的影响，具体来说，地理因素对于人口分布的影响是通过纬度、海拔等自然条件来作用的，由此，人口的分布才呈

①　现收在《马克思恩格斯全集》第一卷，本文所使用的是人民出版社 1960 年 12 月版的《马克思恩格斯全集》，编者为中央编译局，由于中共中央编译局所编译的《马克思恩格斯全集》每一卷的时间都有所不同，并非统一的时间，故在引用时会标明每一卷编译的具体时间。

②　中共中央编译局编译：《马克思恩格斯全集》第 46 卷下册，北京：人民出版社 1979 年 7 月版，第 104 页。

③　中共中央编译局编译：《马克思恩格斯全集》第 46 卷下册，北京：人民出版社 1979 年 7 月版，第 104 页。

④　中共中央编译局编译：《马克思恩格斯全集》第 18 卷，北京：人民出版社 1964 年 10 月版，第 233—321 页。

⑤　中共中央编译局编译：《马克思恩格斯全集》第 21 卷，北京：人民出版社 1965 年 9 月版，第 372—382 页。

现出不平衡的状态。

总之，马克思主义人口思想认为人类自身生产和物质资料生产的关系是以社会生产的方式对人口的发展起到了制约作用。生产方式对人口的运动、发展和变化起着决定性的作用，社会生产方式决定着人类的增殖条件和生存条件。同时，社会生产方式还决定人口的发展，表现在生产力和生产关系是决定人口出生率和死亡率变化的根本性的因素。马克思认为中世纪封建的生产关系和落后的手工劳动要求较高的人口出生率，而科学水平的相对低下又决定了人口死亡率必然会超过人口出生率。恩格斯通过大量的论述认为是第一次大分工，即城市和农村的分离导致了农村落后于城市，由此，他反对人口大量涌向城市；同时，他还认为地理因素决定了人口分布的不均衡。马克思主义的人口思想既是对之前人口思想的批判，也为后来的人口思想提供了丰富的养料和理论基础。

3. 商业化学派

比利时著名历史学家亨利·皮朗最早提出从贸易阶段的理论来探究中世纪历史发展的趋势问题，他的代表作《中世纪的城市》（1925 年英文版）和《中世纪欧洲经济社会史》（1936 年英文版）在史学界产生了重大的影响，特别是在书中他提出的"贸易起源说"形成了资本主义起源研究中的"商业化学派"，美国经济学家斯威齐所创立的"商业化模式"就来自于皮朗。皮朗认为："商业是欧洲社会变迁的引擎，……欧洲文化基本上是商业的产儿。"① 而该学派的代表人物理查德·H. 布瑞托奈尔（Richard H. Britnell）认为商业化有两种解释，一种是较窄的定义，即商业化指的是在一定时间内商业活动的总量，在另

---

① 亨利·皮朗：《中世纪欧洲经济社会史》，上海：上海人民出版社 1986 年版，第 41 页。

一种较宽泛的定义中，他认为商业活动的发展快于人口的增长。[①] 这就意味着商业化的增长要快于商品与服务总量的输出，即每年产生的不断增长的商品与服务是用来进行交易的，而人口则越来越依赖于买和卖的行为来维持生活，商业化是复杂社会变化的一个方面。商业化学派一是强调市场在农奴制衰落和资本主义兴起的过程中所起的重要作用；二是强调城市对社会发展的推动作用，将城市与乡村割裂开来，认为城市占主导地位，而乡村则处于被动地位。同样，商业化的学者们还根据亚当·斯密的部分观点，认为商业和市场可以对生产起到促进作用，人口的增加会促进商业的发展，因为人口的增加会促进流通，发明技术会得到更广泛的传播，人口作为需求者，会促使供给的上升，而商业的发展，市场、技术、运输等效率的提高，货币化和分工的专业化反过来也可以供养更多的人口。

商业化不仅意味着贸易化、货币化等的增长，同时也意味着这些增长必须要比人口数量的增长快。如果两者的增长速度同步，则意味着人口的生活没有发生任何改变；如果它的增长速度超过了人口，则意味着人口更加依赖与市场的交易，人口中经济专业化的程度加深，人口不再如从前一般自给自足，整个社会形成了一个商业化的网络。商业化可以解决人口所存在的问题。

4. 新人口论

20 世纪 50 年代，波斯坦在其文章《中古社会的经济基础》[②] 中，提出了以人口数量的变化来解释社会历史发展的学说，他和法国年鉴学派的勒鲁瓦·拉杜里（Emmanuel Le Roy Ladurie）成为"新人口论"

---

① Richard H. Britnell, *The Commercialisation of English Society*, *1000-1500*, Cambridge：Cambridge University Press, 1996：xiii.

② 此论文后被波斯坦收入他所著 *Essays on Medieval Agriculture and General Problems of the Medieval Economy*, Cambridge, 1973。

（亦称"波斯坦模式"或"人口学模式"）的代表人物。其他跟随者还包括 N. 蒂托、J. 哈彻、E. 米勒、J. D. 钱伯斯等人。这些学者此呼彼应，共同构成了"新人口论"学派。此种理论学说的主要内容是，人口是历史发展的动力，社会经济发展依靠人口发展而起伏变化。波斯坦在《中古社会的经济基础》中强调了经济基础的作用，从物价、农业和人口等因素来进行论述，但他认为人口是一个"更重要的因素"。① 据此，波斯坦将 12—15 世纪的欧洲划分为两个阶段，形成了波斯坦经济周期说。第一阶段是 12—13 世纪，随着人口的增长，对粮食需求的增大，导致了大规模的垦荒运动。② 波斯坦认为人口压力会导致内卷，即导致劳动生产率的降低。第二阶段是 14—15 世纪，人口的减少导致了经济的下降，同样也导致了劳动力的短缺，使得农民在谈判中地位上升，最终导致了农奴制的灭亡。随后拉杜里提出的农业循环发展论以波斯坦人口论为基础，将中世纪到近代早期划分成两个周期③，这也成为新人口论的重要组成部分。需要指出的是，波斯坦及其后继者所关注的重点是土地与人口的平衡问题，但这并不依赖于计算总人口的精确数字④，而是强调人口增长的程度以及与其相配的土地的开垦程度、土地使用的程度及土地与劳动力之间的不平衡。虽然"新人口论"一再强调是人口决定社会和经济的发展，但又是什么引起人口的升降呢？即什么样的因素可以来制约人口的变化。波斯坦在其著作《中古社会

---

① 波斯坦：《中古社会的经济基础》，马克垚译，《世界历史译丛》1980 年第 4 期。

② 波斯坦：《中古社会的经济基础》，马克垚译，《世界历史译丛》1980 年第 4 期。

③ 侯建新老师的《从新人口论、"均衡陷阱"到"过密化增长说"》将拉杜里的农业周期划分为：第一个周期从 12 世纪到 15 世纪，第二个周期约从 1650 年到 1720 年。谢丰斋老师则将划分的范围扩大到了从 10 世纪到 18 世纪，见其文章《波士坦"新人口论"的困境》。后者的观点来自《欧洲经济史》，第一卷，第 159—171 页，将欧洲农业生产划分为三个重要阶段。

④ John Hatcher and Mark Bailey, *Modelling the Middle Ages: The History and Theory of Englands Economic Development*, Oxford University Press, 2001: 32.

的经济基础》中说道："从理论上说可能是（但从历史根据上不大可能）生物学的因素在起作用，即人类的生殖能力起了某种突然的变化……当土地受到过度的或不顾后果的耕作时，需要减少旧的定居面积并迁居人口到新的处女地，以维持日益增多的人口。"① 由此看出在如何抑制人口的增长上，马尔萨斯的人口论强调自然因素和社会因素，而在波斯坦看来经济因素，即如何保持人地平衡才是最关键的。尽管波斯坦也肯定了技术进步在中世纪早期农业发展中所起的作用，但是人口论者认为技术的进步赶不上人口的增长。

　　总的来说，虽然新人口论相较之前的马尔萨斯人口论有了一定的进步，例如它提到了人口与技术进步的关系，但总体而言新人口论还是存在着很大的问题，究其根本是因为新人口论对中世纪欧洲经济发展的看法是长期停滞的②，人口的增长远远超出了土地的开垦程度和农业的发展水平，可以简单概括为人地的不平衡加剧和生产率的下降。针对人地的不平衡，波斯坦强调土地使用的加剧是人地不平衡的征兆，即增加的人口既需要开垦新的土地来居住，又需要更多的土地来种植粮食，满足人类的生活。针对生产率下降的问题，新人口论认为：在生产资料方面，中世纪欧洲存在着一定的落后性，即使有了一定的改观也无法满足人口的需要；在劳动对象方面，劳动对象单一和缺乏，由于中世纪人们主要的劳动对象就是土地和牲畜，而这些在新人口论者看来也是不足以维持人口增长需要的；在生产技术方面，波斯坦认为中世纪农业技术相对于现代技术是比较固化的。③ 当一些新想法出现时，会被农民经济的僵化的本质驱散，特别是庄园领域中继承的特点意味着地主们不会向他

---

① 波斯坦：《中古社会的经济基础》，马克垚译，《世界历史译丛》1980年第4期。

② 徐浩：《农民经济的历史变迁——中英乡村社会区域发展比较》，北京：社会科学文献出版社2002年版，第28页。

③ M. M. Postan, *The Medieval Economy and Society：An Economic History of Britain：1100-1500*, University of California Press, 1973：31.

们的佃农进行投入。由此可见，新人口论中有关经济发展停滞的观点有很大的局限性。

关于制约中世纪人口变化的主要理论，从其自身而言都有合理性和独创性，尽管有些理论存在着一些糟粕和片面性，但它们都从不同的角度论述了制约人口增长的因素，探讨了对中世纪人口理论的理解，这些对于推动中世纪人口理论和中世纪史的发展都起到了相当重要的作用。

（三）关于中世纪英国人口问题的争论

1. 波斯坦与拉塞尔之争

史学界有关中世纪英国人口的见解颇多，而其中最引人注意的是拉塞尔与波斯坦之争，双方对于英国人口的不同见解主要体现在以下几个方面：一是关于 1086 年人口数量的估计，拉塞尔估计是 110 万人口，而波斯坦则认为 1086 年的人口应是拉塞尔估计的两倍多一点，大约是 250 万；二是关于英国中世纪人口顶峰的估计，拉塞尔在历史长时段中保持其估计的一贯性，认为中世纪人口的峰值水平"在黑死病之前，大约 370 万人口"[1]，而波斯坦却认为中世纪人口的峰值水平在黑死病之前，达到了大约 600 万人口；三是关于英国中世纪人口缓慢增长的原因，拉塞尔认为中世纪英国人口缓慢增长的原因只包括引人注目的外部冲击，例如 14 世纪 20 年代的农业危机和 1348 年出现的黑死病等，而波斯坦则认为英国人口历史的转折点出现在 1300 年左右，人口增长放缓的主要原因是人口经济体系内部的问题，简单归纳起来就是人口过多而土地难以负担；四是关于中世纪人口的生活水平，双方也持不同的看法，波斯坦认为，在当时的人口体系中大约有一半的农村人口无法维持

---

[1]　Josiah C. Russell, *The Preplague Population of England*, Journal of British Studies, Vol. 5, No. 2（May, 1966）: 1.

其家庭的最低生活水平，① 但拉塞尔则认为当时的英国除了在那些最差的年份，其他的时候都远离了人口过剩的压力，英国也是一个富裕的国家。②

对于这两种关于中世纪英国人口历史的观点，其存在分歧的根本原因之一在于两者对每户人口系数估计的不同，拉塞尔认为每户人口系数为 3.5③，而波斯坦则认为每户人口系数更接近 5④，由此估算出的数据便大不相同。而关于每户人口系数，其他学者也有不同的见解。例如，在由琼·瑟斯克（Joan Thirsk）主编的《英国和威尔士农业史》（*The Agrarian History of England and Wales*）第一卷中，引用 H. E. 哈勒姆（H. E. Hallam）的每户人口系数进行估算，而这一每户人口系数的估算来自他对 1268 年林肯郡的两个小镇的估计，即对莫尔顿（Moulton）和韦斯顿（Weston）两个小镇的估算，瑟斯克认为系数 4.68⑤ 是合理而可靠的。而另一位学者安德鲁·亨德（Andrew Hinde）则在他的著作《英国人口——自末日审判以来的历史》（*England's Population：A History Since the Domesday Survey*）一书中认为每户人口系数为 4.5⑥，显然有更多的学者的估算倾向于波斯坦。除了对每户人口系数的估计不同，还对在估算中税收的漏查比例和儿童所占总人口比例有着不同的看法，尤其

① M. M. 波斯坦著，H. J. 哈巴库克主编：《剑桥欧洲经济史（第一卷）：中世纪的农业生活》，王春法主译，北京：经济科学出版社 2002 年 9 月版，第 624 页。

② Josiah C. Russell, *The Preplague Population of England*, Journal of British Studies, Vol. 5, No. 2（May, 1966）：1.

③ Josiah C. Russell, *The Preplague Population of England*, Journal of British Studies, Vol. 5, No. 2（May, 1966）：2.

④ M. M. 波斯坦著，H. J. 哈巴库克主编：《剑桥欧洲经济史（第一卷）：中世纪的农业生活》，王春法主译，北京：经济科学出版社 2002 年 9 月版，第 482 页。

⑤ Joan Thirsk,（ed.）, *The Agrarian History of England and Wales*, *Vol.* 1, Cambridge University Press, 1988：48.

⑥ Andrew Hidne, *England's Population：A History Since the Domesday Survey*, Hodder Arnold, 2003：16.

是在对 1377 年人头税资料的使用上。拉塞尔认为小于 15 岁儿童的比例
为总人口的 33.3%，而波斯坦则认为在 40%—50%。此外拉塞尔还认为
统计漏查比例为 5%，他的结论是基于对贫困者和未交税者的研究而得
出，而波斯坦则认为该比例应为 25%，他是通过证明人头税报告和庄园
资料的不一致来判断的。以上这些对关键数据的不同估算，最终造成了
对人口估算的不一致。

另外，波斯坦与 J. N. 蒂托、J. 哈彻、E. 米勒、J. D. 钱伯斯和杜
拉里等人共同建立了"新人口论"史学。"新人口论"史学认为在前资
本主义时代，社会经济的变化是依据人口的增减来演进的。在那个时
代，由于生产力发展水平有限，人口主要依赖土地为生，而由于土地资
源是有限的，因此人口的增长必然影响到因人地关系变动而带来的经济
波动。波斯坦认为，英国人口历史的转折点大约是在 1300 年，有许多
人口经济系统的内部因素，但最终归结为人口过多和土地难以负担。而
拉塞尔则认为中世纪英国人口的缓慢增长是由于受到外部冲击。

至于 13 世纪和 14 世纪早期两种不同的有关英国生活水平的看法，
波斯坦认为在 13 世纪末的时候，英国的经济状况下降到了一个更低的
程度，有相当高比例的农民生活在温饱线及以下。13 世纪是一个人口
迅速扩张的时间，而人口的扩张首先伴随的是土地的开垦，人口的增长
与生存的方式主要依靠新土地的开垦，[①] 这一切的发生，使得人口的生
活水平进一步下降，在 13 世纪末的时候达到了波斯坦所谓的"人口过
剩"状态。"人口过剩"指的是相对于资源来说，人口的水平已经达到
了资源水平所不能承受的一个状态。波斯坦的论述得到了史学家的广泛
认可，一是由于这些学者无法推翻他的论断，二是他们本身也缺乏独立
的调查。蒂托作为波斯坦理论的支持者，在著作中描绘出了一幅 13 世

[①] B. F. Harvey, *The Population Trend in England between* 1300 *and* 1348, Transcations of
the Royal Historical Society, 1966: 24.

纪英国农民的画卷，大多数的小土地持有者手中的土地亩数不足，过着不幸的生活，许多人口的生活水平比较低。在众多学者中，似乎只有拉塞尔对波斯坦的论断持质疑的态度。如果拉塞尔的假设更接近现实，那么即使在最坏的年份人们的生活水平也比"最低生活标准高一些"，例如在 14 世纪的最初 20 年，这时死亡率是由暂时的营养不良所引起的。事实上，无论是波斯坦还是拉塞尔，其思想都存有局限性。波斯坦认为因为人口过多而导致人口的生活水平低下，13 世纪的经济状况不尽如人意，但他忽略了当时经济的发展，认为商业和技术无法满足人口的需求，这也是马尔萨斯主义弊端的体现，而拉塞尔在评论中世纪英国人口的生活水平时，低估了人口的数量，从而使他认为人口对资源的占有是非常富裕的。

2. 布伦纳与波斯坦之争

罗伯特·布伦纳（Robert Brenner）在其代表作《前工业欧洲农村的阶级结构和经济发展》[1] 中提到了"可能影响中世纪晚期和近代早期长期经济变化的客观经济力量，……有许多的模式关注于这些力量"[2]。而他所提出的是"一种经济模式的建立：阶级力量中的阶级结构关系将决定着人口和商业变化的方式和程度，这些将会影响收入分配和经济增长的长期趋势，反之，则不是如此"[3]。布伦纳在文章中批判了波斯坦的"人口论模式"，引起了双方的辩论。[4]

---

[1] 详见 Robert Brenner, Agrarian Class Structure and Economic Development in Pre - industrial Europe, *Past & Present*, No. 70 (Feb. , 1976)：30-75。

[2] Robert Brenner, Agrarian Class Structure and Economic Development in Pre - industrial Europe, *Past & Present*, No. 70 (Feb. , 1976)：30.

[3] Robert Brenner, Agrarian Class Structure and Economic Development in Pre - industrial Europe, *Past & Present*, No. 70 (Feb. , 1976)：31.

[4] 有关布伦纳辩论及其他学者的观点详见 T. H. Aston 和 C. H. E. Philpin 所编的 *The Brenner Debate：Agrarian Class Structure and Economic Development in Pre - industrial Europe*, New York：Cambrige University Press, 1985。

　　对于新马尔萨斯主义（即新人口论）的批判，布伦纳选择了从 12
世纪到 18 世纪的欧洲这一时间段来进行观察，通过证明在同样的人口
趋势下，不同的时间和不同的地区产生了不同的结果来进行反驳。波斯
坦认为，在 13 世纪的时候，由于人口的压力增加，地主与农民处于对
立的局面，这种情况不仅出现在所谓的现代租赁地区，也出现在所谓的
传统习惯地区。正是因为人口的增加，导致了土地的竞争，从而使得农
民的地位下降。农民的权利影响到了农民的自由，这是与人口的供求所
相关的。而在 14 世纪、15 世纪，由于饥荒和瘟疫导致了人口的下降，
人口的灾难使得人口和土地的比例严重变化，波斯坦由此认为，人口的
变化导致了与 13 世纪相反的情况，农民的缺少不仅使地租水平下降，
也使领主控制农民的能力下降，从普遍意义上讲，农民获得了自由，地
主之间为了争取缺乏的农民而展开了竞争。布伦纳则认为，在 13 世纪
不仅仅是英国，法国的部分地区，特别是巴黎的北部和东部地区也存在
着人口的增加伴随地租的上升，庄园对农民的控制加强，但是在法国的
其他地区（诺曼底和皮卡第）并没有在这一时段出现同样的趋势，反
而是导致了过早的农奴制的消失。[①] 同时，布伦纳还指出，14 世纪、15
世纪的时候，地租的下降趋势和农民自由度的上升是这一时期的重要表
现，但是在加泰罗尼亚地区和法国的一些地区（波尔多地区和中部地
区）出现了与此相反的趋势，地主对农民的控制却进一步加强。而在
西欧的大部分地区，16 世纪的时候，农奴制已基本消亡了。在 1500 年
的时候，东西欧发生了巨大的分化，西欧农民几乎获得了全部自由，而
东欧农民却与之背道相离。此外，在 16 世纪人口再次增加的时候，英
国与法国也采取了不同的农业经营方式，法国由于人口的增加，将份地
逐步分化，使得产量减少，而英国则不得不进行整合，形成大块的土地

---

① Robert Brenner, *Agrarian Class Structure and Economic Development in Pre - industrial
Europe*, Past & Present, No. 70 (Feb., 1976)：39.

单位，合并农民的持有地，将大块的土地出租给租地农场主，这些农场主再以工资劳动的方式来雇用农民耕种。因此，布伦纳认为波斯坦及拉杜里的新马尔萨斯主义并不能全面地解释欧洲在中世纪及近代早期的情况，但布伦纳自身所提出的阶级结构学说也并没有比他所批判的人口学说获得更令人信服的结果，他的任务仅是完成了部分。

针对布伦纳所提出的批驳，以波斯坦为首的新人口论者进行了有力的回击。波斯坦等从几个方面对布伦纳进行了批判①。一是认为布伦纳对人口论的假设是基于不同时间、不同地区、相同人口趋势的不同结果，他的主要错误不在于他东西欧比较的逻辑，而是在于他错误地使用了史料，用相同的原因来解释"东欧"这一地区的不同的结果。二是布伦纳所举的东欧例子上的漏洞是他将与其他因素相关的"劳动力"和"人口"的观念进行了混淆。三是认为他在事实上和理解上都产生了偏差，在12世纪的英国农奴负担减轻，在13世纪法国农村的解放农奴的特许状也增加了，而此时人口是增加的，他同样也应该意识到瘟疫以后封建领主的地位并非在每个地方都走向了衰亡。四是布伦纳所批判的学说的起源和观点产生了理解上的偏差。他所批判的历史上的假说不能归为马尔萨斯学说，除了一些与人口相关的内容。马尔萨斯关注的是个体的生活和产出，认为人口和经济的良好状态是唯一推动人口发展的关系，同时他认为人口和生活状况的互动关系是间歇性的，这些在事实上证明并非如此。

总的来说，波斯坦等人对布伦纳所提出的疑问进行了回应，值得说明的是反对布伦纳的这些人口论者，他们虽然强调人口的作用，但是同

----

① 详见 M. M. Postan and John Hatcher, *Population and Class Relations in Feudal Society*, Past & Present, No. 78 (Feb. , 1978)：24-37。

样也看到了人口并不是经济变化中的唯一因素。①

3. 商业化学派与新人口论者之争

商业化学派认为商业的增长快于产品和劳役的总产量，产品和劳役每年不断增加的一部分用于贸易，而人口则不断依靠买和卖来维持他们的生活。由此看来，商业化是复杂社会变化的一部分。在中世纪的英国，社会的变化在很大程度上依靠货币和贸易。在英国的人口中，城市人口增长了许多②，这就证明了货币的流通速度比人口的增长快许多倍③，同样商业化学派认为职业和区域的专业化程度变得更为先进。不断增长的商业化为专业化和产量的提高提供了机会，而这些则可以用来解释人口的增长。但这并不意味着在人口增长的这一阶段对经济水平有普遍提升的作用，因为有证据表明产量的增长是用于维持大部分人口的生活，而只有小部分的人口得到了物质财富上的改善。④ 在 12 世纪、13 世纪人口和经济的扩张不可避免地与商业活动的增长联系在了一起。交易商品数量和范围的增加；城市数量和规模、人口居住在城市的比例都开始增长，成千上万的周末市场和季节性集市覆盖乡村地区；劳动力市场变得更加专业化和多元化；货币流通的数量增加，贸易制度的专业

---

① 例如 J. Z. Titow, English Rural Society, 1200-1300, London, 1969; Edward Miller, The English Economy in the Thirteenth Century: Implications of Recent Research, *Past & Present*, No. 28 (July., 1964): 21-40。

② 具体可参见 B. M. S. Campbell, J. A. Galloway, D. Keene and M. Murphy, A Medieval Capital and its Grain Supply: Agrarian Production and Distribution in the London Region c. 1300, Histl. Geog. *Research Ser.*, 30, London, 1993, pp. 8-12。

③ 可参见 N. J. Mayhew, Modelling Medieval Monetisation, in Britnell and Campbell, (eds.), Commercialising Economy: 55-77, and idem, Population, Money Supply and the Velocity of Circulation in England, 1300-1700, *Economic History Review*, 48, 1995: 238-257。

④ R. H. Britnell, Commerce and Capitalism in Late Medieval England: Problems of Description and Theory, *J. Histl. Sociology*, 6 (1993): 359-376.

化加强。① 商品广泛而常规的流通使得人口包含在商业之中。

　　以波斯坦为代表的"新人口论"主要观点总结为：一是在结合农业生产、物价和人口这些"经济事实"的时候，认为人口因素是最重要的；二是在论述农奴制灭亡的时候，用人口的灾祸来进行解释，认为"人口的灾祸决定了农奴制的崩溃"；② 三是认为乡村在供养能力方面具有优势，"乡村的供养能力限制着城市的规模"③。而商业化学派强调市场的力量，商业化是各种市场行为的总称④，与人口论者强调人口因素的作用形成了鲜明对比。两者的主要分歧如下。

　　一是在城乡关系方面。商业化学派认为城市是一个大的市场，它可以从需求方面拉动和刺激乡村的商业化和集约化，为农业的发展和改革提供了便利的条件。而人口论学者们则认为广大的乡村地区的能力限制着城市的规模和发展。他们认为从人口的数量来说，至少80%的人口居住在乡村地区，并直接参与到了土地的劳动中去，⑤ 是人类的"肌肉劳动"创造出了农业的产出，来供养人口，在很长的一段时间内人口和土地的关系对于经济的发展是至关重要的。

　　二是在农奴制灭亡的问题上。新人口论者用黑死病的人口灾难来解释英国农奴制的灭亡。由于黑死病的出现，人口急剧下降，因此农奴的地位得到了提高，农奴地位的改善使得他们自身有了与领主抗衡的实力，于是农奴制灭亡。而商业化学派则认为农奴制的存在是符合了当时

---

① 根据 Miller 和 Hatcher 的 Medieval England：Towns，Commerce and Crafts 归纳得出。

② Robert Brenner, *Agrarian Class Structure and Economic Development in Pre-industrial Europe*, Past & Present, No. 70 (Feb. , 1976)：39.

③ 李云飞：《理论运用的时代错位——杜能的经济圈境理论与中世纪英格兰领主经济》，《世界历史》2010年第2期，第47页。

④ 徐浩：《前工业社会中的城市市场结构与市场导向的商业化》，《史学月刊》2005年第2期，第70页。

⑤ John Hatcher and Mark Bailey, *Modelling the Middle Ages：The History and Theory of Englands Economic Development*, Oxford University Press，2001：21.

经济发展的需求,随着经济不断向前发展,农奴制作为一种落后的经济方式已经不再适应社会的需求。伴随商业的发展,市场上对货币的需求逐渐增多,于是劳役地租逐渐转化成了货币地租,当然这一转化过程也并非一蹴而就,货币地租的出现使得人们不再被束缚在田地之间。同时城市"自由空气"的吸引力也从另一方面吸收了许多农民来到城市,进而导致了农奴制的灭亡。

三是在技术变迁的问题上。新人口论者认为,技术的发展虽然存在,但发展的速度赶不上人口增长的速度,特别是波斯坦认为在英国的中世纪存在着"人口过剩"的现象。而商业化学派则认为技术的发展可以提高生产效率,促进专业化的发展,这些条件的改善给了人口更多的发展空间。例如,朗顿(Langdon)认为在运输中马力的使用减少了运输的成本,提高了劳动的产出,扩大了农民产品的销路,促进了产品和货币流通的速度,使得经济活跃快速地发展。[1] 这样,也为人口的生存空间提供了便利。有关人口与技术发展的问题,比较有代表性的是哈佛大学的经济学教授迈克尔·克瑞默(Michael Kremer)在文章《人口增长和技术变迁:公元前 100 万年—1990 年》[2] 中所提出的观点。他认为世界上人口增长是和技术改变的发生相一致的。具体来说,人口的增长会受到技术进步的限制,这个假设在马尔萨斯时期就已经存在。但是人口的增加也会给技术的改革提供更多的机会,因为技术的进步是同人口规模成正比的,如果每一个人都可能发明一项新的技术,那么越多的人口则代表越多可能拥有越多新的发明。另外,人口的增加还可以为技术的传播提供一个良好的媒介,因为人需要旅行和交流,而越多的人口

---

[1] J. Langdon, *Horses, Oxen and Technological Innovation: The Use of Draught Animals in English Farming from 1086 to 1500*, Cambridge Press, 1986: 272.

[2] Michael Kremer, Population Growth and Technological Change: One Million B.C to 1990. *The Quarterly Journal of Economics*, Vol. 108, No. 3 (Aug., 1993): 681-716.

则表明传播的机会越多，那么新技术的推广也越有可能。

在以上这一系列问题中，双方存在着不同的意见，但也不难发现两者之间有共同点，例如，商业的发展和人口的增长都有着共同的媒介——家庭①，另外，可以从商业与人口变化相互作用，紧密合作的机制来分析社会的发展。

4. 货币论者与人口论者之争

货币论者和人口论者的分歧由来已久，并且在史学界讨论一系列问题的时候都无法避免这些分歧，如在论及物价、工资、货币流通等问题时。人口论的来源主要是18世纪、19世纪马尔萨斯所提出的人口数量的变迁与社会经济发展的关系。他认为："人口如不受限制将按几何比率增加，生活资料则按算术比率增加。"最终，二者的必然趋势是人口的过剩和生活资料的匮乏。② 由此可以看出，马尔萨斯以人口的变化来讨论生活资料的变化。继马尔萨斯之后，又出现了李嘉图、阿贝尔、波斯坦、哈彻尔等一系列著名的人口论者。

人口论的本质是认为人口的变化影响了经济的形式。具体来讲，从物价的角度来看，可分为总体物价和相对物价。总体物价与人口的增减成正比，即人口增加，总体物价上升，人口减少，总体物价减少。但是与人们生活更密切的是相对物价。在前工业社会，与人口最为直接联系的是农业产品的价格，而农产品价格中尤以粮食价格为甚。黑死病以后，人口急剧下降，而总体价格下降的时候，相对价格的变化出现了相

---

① John Langdon and James Masschaele, Commercial Activity and Population Growth in Medieval England, *Past & Pensent*, No. 190（Feb.，2006）：69.

② ［英］马尔萨斯：《人口原理》，朱泱、胡企林、朱中和译，北京：商务印书馆1992年版，第9页。

反的趋势。① 同样的情况也出现在 16—17 世纪的价格革命及以后。② 从工资上来说，人口论者认为工资的变化也受到人口的影响，例如在黑死病以后，由于人口的减少，导致了雇佣劳动力的减少，因此雇佣劳动者工资上涨。在货币流通方面，人口论者波斯坦等人认为中古时期的货币供给主要是由现存的贵金属的使用以及信用手段和银行的发展所决定的。③ 而贵金属的使用及相关活动的主体即人口，由此人口论者提出了以人口的数量波动来解释货币的流通。

关于以上人口论者提出的三个问题，货币论者一一给出了反驳。关于物价，蒙洛、费雪等货币论者认为，人口论只能解释相对物价波动，无法解释总体物价波动，因为长期性总体物价波动只能是由货币供给变动所造成的。④ 从人口的长期发展来看，在发生战争灾难、农业灾害的时候，会引起人口短期的波动，而此时似乎用人口论来解释物价等问题更具有直观性和针对性。关于工资，蒙洛运用凯恩斯经济学当中的黏性工资理论（工资率不会随着劳动供求的变化而及时迅速地变动）解释了 15 世纪欧洲国家实际工资的上升，以此来否定人口论的解释。⑤ 至于货币的流通，货币论者认为 12—14 世纪上半叶欧洲的物价上涨是由

---

① 参考 M. M. Postan, Some Economic Evidence of Declinging Population in the Later Middle Age", *Economic History Review*, New Series, Vol. 2, No. 3 (1950), pp. 221 - 246; J. D. Gould, "The Price Revolution Reconsidered", *Economic History Review*, New Series, Vol. 17, No. 2 (1964), pp. 249-266.

② Y. S. Brenner, "The Inflation of Price in England, 1551-1650", *Economic History Review*, New Series, Vol. 15, No. 2 (1962), pp. 266-284.

③ 北京大学历史系世界古代史教研室编著：《多元视角下的封建主义》，北京：社会科学文献出版社 2013 年版，第 456 页。

④ 北京大学历史系世界古代史教研室编著：《多元视角下的封建主义》，北京：社会科学文献出版社 2013 年版，第 457 页。

⑤ John Munro, "Wage Stickiness, Monetary Changes, and Real Incomes in Late-Medieval England and the Low Countries, 1300-1500: Did Money Matter?", *Research in Economic History*, Vol. 21, No. 1 (2003), pp. 185-297.

贵金属货币供给所造成的，与当时的贵金属开采有关，14 世纪后半期和 15 世纪前半期西欧物价水平的下跌也是由于欧洲的贵金属产量减少。① 特别是在谈论到 15 世纪、16 世纪价格革命的时候，货币论者认为人口论的解释显得无力，因为众所周知，在这一时期，美洲大量的贵金属流入欧洲，导致了欧洲物价的疯涨。而人口论所理解的人口与物价及货币的关系，却无法解释 16 世纪的物价上涨。货币论者认为在 16 世纪初期的时候，英国的人口似乎没有特别明显的回升趋势，但在此时物价上涨，似乎与人口没有过多的关系。

其实，无论是从人口的角度，还是从货币的角度，在考量历史发展，特别是经济发展的时候，都不应该用单一的因素来进行整体的解释，历史是因时因地而不同的，或许在某个阶段是这样的因素占主导地位，但在另一个阶段又是其他因素占主导地位，仅从一个因素来看问题必然会导致对事物看法的片面化和绝对化。

二、国内研究现状

国内在涉及英国中世纪人口的研究中，比较突出的是王渊明的《历史视野中的人口与现代化》一书②，书中他系统地对西欧的人口进行了论述，并且将西欧人口与中国人口进行了对比，进而论述了人口与现代化的关系。马克垚在其主编的《中西封建社会比较研究》③ 一书中，论述了英国农村人口及其家庭与人口对社会发展的影响。另外，在马先生著作《西欧封建形态研究》④ 中，他论述了西欧的城市人口。在

---

① N. J. Mayhew, "Numismatic Evidence and Falling Price in the Fourteenth Century", The Economic History Review, New Series, Vol. 27, No. 1 (Feb., 1974), pp. 1-15.
② 王渊明：《历史视野中的人口与现代化》，杭州：浙江人民出版社 1995 年版。
③ 马克垚主编：《中西封建社会比较研究》，上海：学林出版社 1997 年版。
④ 马克垚：《西欧封建形态研究》，北京：人民出版社 2001 年版。

《封建经济政治概论》① 中，马先生从波斯坦"新人口论"视角论述了西欧的人口问题。其他的一些人口研究多与经济、社会、疾病等领域的研究相结合。例如：徐浩的《中世纪英国城市人口估算》② 和《中世纪英国城市化水平研究》③ 两篇文章，着重论述了英国的城市人口；李化成的文章《论黑死病对英国人口发展之影响》④，从黑死病来看待人口的发展；赵庆日、谷延方的文章《推力与拉力——中世纪英国农村劳动力转移和城市化机制初探》⑤，则从劳动力转移的角度来分析中世纪英国的人口；陈志坚的文章《英国中世纪及近代早期的家产分配方案》⑥，从财产继承的角度分析了对人口的影响。同时国内对于英国中世纪人口的研究更侧重于转型时期的人口研究，这一类的著作相对于中世纪其他时期的著作要多许多。例如：洪庆明的文章《1450—1650 年英国人口运动探析》⑦，对西方史学家关于出生率和死亡率对人口增长的影响进行了辨析，认为人口增加带来的直接后果是物价，尤其是粮价的上涨和城市人口的激增以及随之形成的农业市场；黄春高的文章《1350—1640 年英国农民经济的分化》⑧ 认为与 14 世纪、15 世纪相比，16 世纪由于商品经济的作用，再加上人口的增加，使得人地关系变得紧张，从而导致了农民的贫困化；谷延方的专著《英国农村劳动力转

---

① 马克垚：《封建经济政治概论》，北京：人民出版社 2010 年版。
② 徐浩：《中世纪英国城市人口估算》，《史学集刊》2015 年 1 月第 1 期。
③ 徐浩：《中世纪英国城市化水平研究》，《史学理论研究》2006 年第 4 期。
④ 李化成：《论黑死病对英国人口发展之影响》，《史学月刊》2006 年第 9 期。
⑤ 赵庆日、谷延方：《推力与拉力——中世纪英国农村劳动力转移和城市化机制初探》，《北方论丛》2010 年第 4 期。
⑥ 陈志坚：《英国中世纪及近代早期的家产分配方案》，《世界历史》2007 年第 5 期。
⑦ 洪庆明：《1450—1650 年英国人口运动探析》，《世界历史》2001 年第 2 期。
⑧ 黄春高：《1350—1640 年英国农民经济的分化》，《首都师范大学学报》（社会科学版）2004 年第 1 期。

移与城市化：中世纪盛期及近代早期》①，论述了 11—18 世纪英国走向现代化的道路，在一定程度上揭示了农村人口向城市迁移的过程。

虽然国内学者对英国中世纪人口的研究有了一定程度的深入，但还存在一些问题与不足。首先是研究英国中世纪人口需要历史学和人口学及其他相关学科的知识，这对于研究者本身来说是一个较大的挑战，再加上一手资料的不足与缺乏，制约了研究的深入。其次，从史料的整理方面来说，中世纪的英国史料种类比较丰富，但是完整统计人口的资料比较缺乏。英国第一次可靠的人口普查发生在 1801 年，中世纪的人口数量和人口情况缺乏连续而准确的记载。

相比国外而言，国内对中世纪英国人口的研究基础比较薄弱，研究主要局限于某一时段，或是在论述别的问题时涉及人口，对于中世纪英国人口长时段的变化并未作专门的论述，基于此，研究中世纪英国的人口仍有很大的提升空间。

第四节　研究思路

在对国内外学术史进行梳理后，本书主要关注和解决以下三个问题。

第一，影响中世纪英国人口变化的因素。对于影响人口的因素，史学界存有不同意见，有学者认为是外部因素发挥了主要作用，反之，也存在着内部因素主宰的声音。实际上，人口的变化与发展是内外因素相互作用的结果，只是这些因素在不同的时段所体现的作用在程度上是有

---

① 谷延方：《英国农村劳动力转移与城市化：中世纪盛期及近代早期》，北京：中央编译出版社 2011 年版。

区别的。

第二，中世纪英国人口各阶段的分析。以往在探讨中世纪人口的时候，许多学者研究的时间段较短，并未将中世纪英国人口作长时段的分析，即便是像拉塞尔这样的大家，也仅是将人口进行了划分，未结合当时的社会经济发展情况进行论述。然而，在每一个人口发展的阶段中，人口与社会的相互关系都是独特的，且只有综合地剖析问题，才能更全面地发现各个阶段人口的特点。

第三，长时段下中世纪英国人口的作用与意义。这一内容既是本书的写作目的，也是本书对英国人口发展的一个概括。国内外人口的作用都有其相似之处，例如都是社会构成的主体，都促进了社会的进一步发展，但中世纪的英国有自身独特之处，这也是本书聚焦的重点。

本书将从上述几个问题出发，对中世纪英国人口进行梳理与总结。由于人口学是一门较为复杂的学科，与社会经济的结合也是复杂多变的，本书试图在利用大量数据和恰当方法基础上对中世纪英国人口进行较为全面的讨论。本书的创新点在于既对影响中世纪英国人口的总体因素进行概括总结，也对人口各个阶段的影响因素进行具体描述，做到点面结合。此外，通过对这一时期人口变动的观察，总结出中世纪英国人口因素的重要性。

第五节　研究范围的界定

本书的研究对象是 11—16 世纪的英国人口，从其具体界定来说，首先是研究时间段的界定，本书的研究时间段主要从 11 世纪晚期，即"末日审判"之后到 16 世纪的中期，时间跨越近 5 个世纪，之所以选择这一时间段是出于以下考虑：英国人口早期的历史资料十分有限，早期的关于英国人口的资料见于塔西陀大约在公元 98 年所著的《阿古利可拉传》，书中第 10—17 节对不列颠的地理状况和居民做了描述。之后随着考古学的发展，陆续有关于英国人口的史料被发现，但真正关于英国人口比较完备的史料，是根据 1086 年调查所汇编的《末日审判书》。从此，英国出现了一系列与人口相关的档案汇编，如死亡调查（Inquisition Post Mortem）、人头税报告（Poll Taxes）以及庄园案卷（Manorial Rolls）等，这些资料所涉及的时间跨度大都涵盖在 11—16 世纪，为中世纪英国人口的研究提供了宝贵的资料，因此研究 11—16 世纪这一时间段的英国人口有着比较丰富的史料支撑。

其次是本书的空间界定，本书所涉及的"英国"，是指英格兰地区，不是现代意义上的国家名称，不包括苏格兰、威尔士和北爱尔兰地区。

最后是本书研究中人口含义的界定。由于人口是一个内容复杂、综合多种社会关系的实体，本书对人口的研究，主要是关注其在 11—16 世纪这一时期人口数量的变化，以及在这一变化中人口与社会经济的相互关系。

第一章

中世纪英国人口变化的影响因素

　　人口的发展会受到各种各样因素的影响，这些因素会对人口的数量、质量、分布等诸多方面产生不同的作用，中世纪英国的人口亦是如此。人口不是社会和经济发展中一个孤立的存在，它是自身与其他因素相互作用而形成的，一个地区、一个国家的人口状况不仅能反映人口本身的发展，同时也是对社会经济等其他因素的有力体现，因此，考量影响中世纪英国人口差异的因素尤为重要。根据影响人口差异的多种因素，本书将这些因素主要划分为自然因素、经济因素、社会因素和政治因素来进行逐一论述。当然，这几个因素的重要性并不是绝对一样的，自然因素强调的是对人口差异形成的物质基础，经济因素主要是涉及社会资料的供给、交换对人口的影响，社会因素涉及的是影响人口发展程度上的问题，政治因素主要涉及国家和政府的决策以及政府对人口的管理。

第一节　自然因素

一、地理因素

《末日审判书》中所记录的定居点、人口和犁队①表明英国是一个

---

　　① 用来统计耕地面积的单位。

很早就有人口居住的古老国家，特别是在南部和东部，很早就有人居住的迹象。这些地方拥有肥沃的土壤，尤其是富饶的沃土和良好的黏土，因此，英国的南部和东部在盎格鲁-撒克逊时期就有人口定居于此。在人口密集的情况下，人们想向更远范围定居，但受到了一些限制，例如贫瘠的土壤无法收获更多的食物，特别像是在没有开垦的沼泽地、林地、丘陵地和荒野石丛地区，这些地区主要处于英国的北部和西部，因此这些地区的人口也较少。具体而言，柴郡是一个不宜种植谷物的地区，人口稀疏。兰开夏郡像柴郡一样，也是人口稀少且落后的地区。早在盎格鲁-撒克逊时期的人口居住点就很明显地在避免轻质土壤、沙土和多碎土的地区建立，以及在那些容易枯竭和溢出的土壤上建立。萨里郡、伯克郡和汉普郡新森林的成片的沙土，诺福克郡的布雷克兰地区、萨福克郡、柴郡森林中的贫瘠的沙石和成片的沙地——这些在《末日审判书》中的记录中都是人口荒芜的或接近于荒芜的地方。直到 17 世纪晚期或者 18 世纪，通过使用人工肥料人们才可以有效地使用这些土地。

11 世纪的农夫们偏爱更为优良的黏质土壤，类似于泥砾土（Boulder Clays），这类土质在英国的平原地区覆盖很广。黏土中含有水分和营养，对于抵制矿物营养的溢出非常重要。在中世纪，英国人更愿意在良好的黏性土质上进行工作和生活。在《末日审判书》中几乎每一处泥砾土地区的人口密度和雇佣人口的数量都仅次于那些肥沃土壤地区。在北米塞德斯的黏土区域，可以发现一些可耕地耕种过的迹象，在牛津郡和北白金汉郡的黏土区，北部牛津郡和南部贝德福德郡的重黏土地区，在西赖丁地区黏土很少的煤层中都能看到一些人口耕种的迹象。另一些不是黏土性质的土壤，也同样可以用来耕作，这些土壤主要是在靠近伦敦的河沙或是在约克山谷末端北部的河水冲积层地区及皮克林河谷的不太肥沃的地区。

在英国南部的沼泽地区，目前历史学家们最早获得的是肯特郡的开垦资料。在 12 世纪和 13 世纪的英国西部，大规模潮湿区域已被耕种的地区有塞其沼泽，格拉斯顿伯里的大部分庄园，如布伦特（Brent）、佐伊（Zoy）和汉姆（Ham）等被开垦。英国东部沼泽地区（至少是比较大的沼泽地）在 13 世纪末大部分也被开垦耕种过，中世纪记录中英国最北部的潮湿土地是霍德尼斯（Holderness）。但是安科姆（Ancholme）河两边零星的沼泽地到中世纪晚期仍然没有被开采。

二、气候因素

气候被认为是决定微生物行为的众多因素之一，尽管在历史上气候和所知发生的瘟疫之间并没有建立起完全的联系，但是从现有的关于树木年代学、冰核的形成以及其他的一些资料可以证明中世纪的西北欧确实受到了环境的影响，导致了中世纪时期从一个相对温暖和稳定的环境转变为 16 世纪、17 世纪较为寒冷和气候情况较为严峻的小冰期。布鲁斯·坎贝尔（Bruce Campbcu）通过对中世纪英国份地的年均谷物产量来观察气候对谷物的影响。他对 1250—1480 年的 3000 份领地的账册进行了考察，发现英国谷物产量的长期运动与中世纪晚期的西北欧年平均气温存在着密切的联系。[1]尤其是在 1375 年左右，谷物的产量和气候条件都明显恶化，坎贝尔认为在气候恶劣的条件下所导致谷物价格的上涨比由于死亡率上升而导致人均货币收入增加所引起的上涨更为严重。同样他将 1376 年谷物产量的突然上升归咎于气候环境的转变，认为仅从产量上来看，1376 年后的 30 年是农业的良好发展时期，但是高产量与低需求并存，导致了大规模可耕地的生产过剩，从这一角度来看，这一时期又是农业的困难和衰落时期。但良好的气候条件并没有持续太

---

[1] John Aberth, *An Enviromental History of the Middle Ages*: *The Crucible of Nature*, Routledge, 2013: 27.

久，随着 15 世纪上半叶气候条件的衰落，谷物的产出保持着低迷状态，即使是在土地充沛和各方面物资充足的时候依然如此。

中世纪的温暖时期，历史上的一些记录称之为"最佳的时期"。而一些可靠的数据，如温度和降雨量，最早只能追溯到 17 世纪晚期，因此需要别的资料来判断中世纪的情况。这些资料包括编年史、年鉴、谷物价格和葡萄酒收获的记录，尽管这些档案资料比较新颖，对研究中世纪也起到了特别的作用，但是它们有一定的局限性。而气象资料也需要根据冰核的氧同位素或碳元素以及河底的沉淀物、植物的花粉、树的年轮、昆虫类动物的尸体来进行判断，虽然这些资料是间接的，但是这些资料①都表明在 1100—1300 年欧洲经历了尤为突出的温暖时期，英国和欧洲其他大陆国家的夏季平均气温比 20 世纪的时候高 1℃—2℃。② 中世纪的温暖时期扩大了人们对地球的探索，在这一时期，农民的耕种范围得以扩展，如在挪威北部地区、苏格兰高地等，同样气候的因素还影响到了英国和法国的葡萄酒贸易等。

气温潮湿的第二个阶段是在 12 世纪，并且伴随着比较寒冷的气候，这种寒冷在接下来几个世纪一直断断续续地持续着，这段时期被称为小冰期。寒冷的气候和瘟疫一起威胁着人口的健康，英国土地持有者的寿命在瘟疫爆发前就下降了，因此寒冷的天气肯定对人口，尤其是寿命有着影响。③

---

① 这些具体的资料可以参见 H. H. Lamb 的 *Climate*, *History and the Morden World*, 2ⁿᵈ. London and New York：Routledge，1995，第 74—107 页的内容，故本文在此不做过多的论述。

② Brian Fagan, *The Great Warming*：*Climate Chang and the Rise and Fall of Civilizations*, New York：Bloomsbury Press，2008：45.

③ Josiah Cox Russell, *The Control of Late Ancient and Medieval Population*, Philadelphia, 1985：227.

第二节　经济因素

一、家庭经济条件

家庭的经济条件直接决定了家庭人口的数量和生活状况。哈勒姆
（H. E. Hallam）根据 13 世纪末林肯郡南部的三个庄园研究发现，拥有
土地的规模与家庭人口的规模成正比。持有土地数量为 0—5 英亩的家
庭，在斯伯丁（Spalding）庄园为 4.58 人，在韦斯顿（Weston）庄园
为 4.0 人，在莫尔顿（Moulton）庄园 3.67 人；拥有 5—30 英亩土地
的家庭，在三个庄园分别为 5.26 人、4.18 人和 4.59 人；拥有 30 英亩
以上土地的家庭，在三个庄园分别为 5.92 人、5.46 人和 6.89 人。[①] 当
然造成这种情况的原因可能有许多种，但不得不承认其中经济因素是一
个非常关键的因素，因为良好的经济条件的确可以养活更多的人。另
外，拉兹根据黑尔斯欧文的庄园案卷将农民划分为三个部分，即富裕农
民（拥有 1 维尔格特的土地）、中等农民（拥有 $\frac{1}{2}$ 维尔格特的土地）、

贫穷农民（拥有小于或等于 $\frac{1}{4}$ 维尔格特的土地），他通过对庄园 1279—

1349 年农民子嗣的研究发现，富裕农民家庭的孩子相比中等农民家庭
和贫穷农民家庭的孩子，活过 12 岁的可能更大。[②]

---

① H. E. Hallam, Further Observations on the Spalding Serf Lists, Economic History Review,
2nd series, Vol. 16, No. 2 (1963), p. 347.

② Zvi Razi, Life, *Marriage and Deathin a Medieval Parish*: *Economy*, *Society and
Demography in Halesowen*, 1270-1400, Cambridge University Press, 1980, pp. 76-79,
87.

　　家庭经济条件欠佳不仅让人口的数量受到影响，同样也使人口的生活状况堪忧。家庭经济不好，父母常常忙于劳作，没有闲暇时间来照看孩子，这就使得婴孩和儿童在父母工作时间发生事故和死亡的情况很多。在验尸官的报告中发现，有 58 个小孩夭亡的年龄在 1 岁以下，尤其是有 33% 的孩子死于摇篮之中，有 14% 的孩子在 1 岁夭亡，而只有 1% 的孩子在 2 岁夭亡。① 这些是由于父母忙于劳作，造成了孩子的死亡。此外，根据哈瓦那尔特（Hanawact）的统计，孩子们发生事故的时间也与父母劳作的时间相一致，21% 的事故发生在早上，43% 的事故发生在中午，这些时间通常是妇女们照看牲畜或是去田间劳动的时间。而从一年的时间分布来看，孩子事故多发生在 5—8 月，这 4 个月正是田间劳动最忙碌的时间，有 47% 的孩子在这 4 个月间夭折。② 虽然也有父母在劳作的时候会带着自己幼小的孩子，这样可以减少孩子事故的发生，但也确实会影响他们的工作。由此可见，家庭的经济条件着实影响着人口的数量和生活状况。条件不好的家庭，父母们需要为生计而忙碌，根本无暇顾及自己的孩子，使得孩子的成活率大大下降。而良好的家庭经济条件不仅可以满足扩大的人口规模的需求，同时也可以保护现有规模的人口生活不受到损害。

二、继承制度

　　在中世纪英国，12 世纪末和 13 世纪初形成了普通法中的以长子继承制为核心的继承制度。除了占主流地位的长子继承制以外，英国还拥有其他的继承制度，比如流行于英国东南部肯特郡和东盎格利亚地区的

---

① Hanawalt, The Ties That Bound: Peasant Families in Medieval England, Oxford University Press, 1986, p. 171.

② Hanawalt, *The Ties That Bound: Peasant Families in Medieval England*, Oxford University Press, 1986: 176.

诸子析产继承制，流行于英国自由市镇的幼子继承制（这些市镇大多位于英国的中部和东南部①），以及流行于下层民众的"长子略优，调节诸子"的继承制度。由于不同的土地制度伴随着不同的继承习惯，而不同的继承习惯则会导致不同的历史后果，历史后果之一则是对人口产生影响。敞田制度伴随的一般是长子继承制度，但有时在一些英国的自治镇则是幼子继承制度，这两个继承制度的特点是所占有的财产不可分割、不可剥夺，只有一个人（长子或者幼子）可以继承。在以经济地位作为结婚条件的英国，这两种继承制度使得除继承者以外的诸子没有良好的结婚条件，需要经过财产的积累才有获得结婚的可能，因此他们结婚的年龄普遍较大。与敞田制相对的是闭田制（Close Field System），即用沟壑和水道将田地分为小块，而墙院则用挖掘沟壑的泥土堆积而成，树篱往往与泥土的墙院融为一体，这种土地制度的植被较为茂盛，多为森林和树木。在这种制度下，平均每一个人的份地都很紧凑，份地与份地之间的区分比较明显，因此在这里比较容易找到分散的定居点，但在敞田制的地区则会发现成片的村庄。伴随着闭田制的是诸子析产的继承制度，即所有的儿子都可以平均分到土地，继承人之间的份地是可分割的，并且可以相互转让，因此，所有得到土地继承权的儿子都有可能结婚。但是并非拥有可分的土地就一定会导致人口的增加，同时还需要合理而良好的经济和生活环境，但继承制度确实也是影响人口的一个因素。因为，没有得到土地继承权的儿子就无法养家，社会的习惯也会阻止他们的婚姻，一个儿子如果没有得到财产，那么大概率他将无法结婚，除非他的父亲将自己的地产提前转让与他。尤其是长子继承制在继承习惯中占有重要的地位，因此，除了长子继承财产外，其他的子女要么外出寻找出路，要么单身。基于此，可以判断在中世纪的英国不可分

---

① Thomas Robinson, Ronbinson on Gavelkind: *The Common Law of Kent, Or the customs of Gavelkind*, Butterworth, 1987: 240.

割的继承制度（长子、幼子继承制）下的地区人口的增长速度要慢于可分割的继承制度（诸子析产制）地区的人口增长。①

第三节　社会因素

社会因素是一个复杂的多次级因素混合体，同时也是影响人口思想和精神最直接和最关键的因素，了解影响中世纪英国人口的社会因素，可以从社会学角度不同的层面来看待人口的发展。由于宗教在中世纪人们的生活中具有至关重要的影响，尤其体现在社会生活方面，故在此将宗教，特别是基督教对人口的影响融于社会因素中一并进行论述。

一、婚姻观

婚姻是旧制度人口体系中的核心。② 对婚姻的看法直接影响着家庭的稳定和后代的繁衍。在 11 世纪早期的英国，地位较高的夫妇之间所签订的婚姻协议，③ 在妇女订婚时就会体现出来。在婚姻协议中，有关嫁妆与晨礼的细节都做了详细的规定。新娘的家庭给予她丈夫的礼物仍然是归新娘所有，甚至在其丈夫死后，丈夫给予寡妇的遗产，事先也都已确定好了。诺曼征服后，英国出现了许多关于嫁妆与丈夫遗产的纷争。到了 12 世纪，由于在婚约的订立中教堂的介入，产生了许多的编年资料，如主教信件和教会法来处理婚姻中的各种纷争的资料。英国中

① Clarles Ackerman, The Rural Demography of Medieval England, Enthnohistory, Vol. 23, No. 2 (Spring, 1976): 107.

② Massimo Livi Bacci, *The Population of Europe: A History*, Blackwell Publishers Ltd, 2000: 99.

③ P. Wormald, *The Making of English Law: King Alfred to the Twelfth Century*, Blackwell Publishers Ltd, 2001: 385-387.

世纪时期女性具有一定的自主权，例如根据一名匿名作者所写的：一位亨廷顿郡马克亚特村庄商人的女儿克里斯蒂娜在 1115 年拒绝了她的父母为其挑选的丈夫，她的父母和教会的人士试图改变她的想法，但都无济于事。①

　　婚姻主要在两个方面影响着人口的发展，一个是结婚的年龄，另一个是独身的比例。在中世纪婚姻针对不同的人有着不同的内涵，对于男性而言，婚姻的目标是共同建立家庭，成为一家之主；对于女性而言，婚姻的目的则是生育和哺育孩子，大多数妇女的人生是在重复地怀孕和照顾年幼的孩子中度过的。婚姻对于不同社会阶层也意味着不同。对于大多数人而言，婚姻中的男性是想找一个伴侣来增加家庭的劳动力，而婚姻中的女性则是为了寻找一个男人来为她提供更为稳定的经济条件。但是，对于贵族而言，劳动和工作并不是问题，贵族们对婚姻更关注的是试图通过结婚来提高双方的社会地位，并且能够保证自己的财富可以顺利地一代传一代。而家长对于婚姻的干涉，不同的家庭也存在着差别。在富裕农民的家庭中，父母对婚姻的影响一直都是很强烈的，在黑死病以后的一个世纪，市民阶层的父母对婚姻的干预则是最弱的。对于仆人而言，父母给了他们足够的自由来进行求爱和选择婚姻，例如，在1470 年，伦敦的伊莎贝拉与约翰的结合，并没有询问父母的意见，而是在直接征得了她哥哥的同意后，两人便结婚了。②

　　结婚的年龄在不同的人之间也有所不同。中世纪的英国，女性的法定结婚年龄是 12 岁，男性是 14 岁，但有其他数据表明，许多女性到了14 岁或者 15 岁才步入婚姻。一般而言，农村女性结婚的年龄要比城市

---

①　Julia Crick and Elisabeth Van Houts （ed.）, A Social History of England, 900－1200, Cambridge: Cambridge University Press, 2011: 139.

②　Rosemary Horrox and W. Mark Ormrod （ed.）, *A Social History of England*, 1200－1500, Cambridge: Cambridge University Press, 2006: 424.

的女性更早一些，拉兹根据对黑尔斯欧文西密德兰庄园（West Midlands）在 1270 年以后一个多世纪的调查中得出，维兰身份的女性交结婚税（婚嫁费）的年龄在 18 岁左右，男性的结婚年龄则在 20 岁左右。① 另外，有相当一部分的农业劳动者放弃了婚姻，因为他们的家庭既没有能力也没有土地来支持孩子们结婚。在这些独身的农业劳动者中，女性往往充当着男性劳动力的角色。根据霍林斯沃斯对 1330—1479 年公爵女儿结婚年龄的调查发现，有 $\frac{1}{3}$ 的女性在 16 岁前结婚，有 $\frac{1}{3}$ 在 20 岁左右结婚，剩下的 $\frac{1}{3}$ 包括结婚年龄很晚和不结婚这两种情况，而公爵的儿子只有 $\frac{1}{2}$ 的人在 25 岁前结婚。② 关于城市的结婚年龄和婚姻状况，在 14 世纪晚期以后，男性在 25 岁左右结婚，女性结婚年龄略早些，这种结婚年龄增长的模式，历史人口学家们称之为西北欧模式。在这一模式当中，女性的结婚年龄有所推迟，并且这一模式在城镇中表现得特别突出。有趣的是，在 14 世纪末 15 世纪初的时候，一些伦敦的作家认为爱情才是婚姻的动力，与之前的那种"成家""劳动"的实际想法有了很大的不同，西北欧婚姻模式的盛行可能与这一现象有着密切联系。结婚年龄影响着可能怀孕的人数，而这恰恰是影响人口增长中出生率的关键。根据安德鲁·海德的推断，在中世纪时期，在普通生育模式下，女性平均结婚年龄每增加 2.5 岁，则净生育率就会减少 12%左右，③ 可见结婚年龄对生育率的影响之大。

---

① Zvi Razi, Life, *Marriage and Death in a Medieval Parish*: *Economy*, *Society and Demography in Halesowen*, 1270-1400, Cambridge University Press, 1980: 60-64.

② Rosemary Horrox and W. Mark Ormrod（ed.）, *A Social History of England*, 1200-1500, Cambridge: Cambridge University Press, 2006: 426.

③ Andrew Hinde, *England's Population*: *A History Since the Domesday Survey*, Hodder Arnold, 2003: 35.

　　中世纪英国的独身人群，最突出的应当是教职人员。然而，真正掀起反教职人员结婚和禁止教士性活动的运动是 11 世纪格列高利七世的改革。不过，仍然有教职人员在家中悄悄有着妻或是妾。教职人员的独身除了受到教会的要求外，还受到独身思想和禁欲主义的影响。对中世纪教职人员而言，最理想的状态是远离"肉体"的玷污，而对教徒们而言，最差的状态是需要教徒们有纪律有规律地远离家庭和继承所带来的累赘。从人口的角度来分析这样的现象，其中有两个问题需要注意：一是在实践中，这两种思潮的有效性；二是这两种思潮的影响范围。但是，独身主义思潮的作用并不十分明显。英国 1377 年的人头税报告显示，140 万教职人员中有大约 3 万教职人员是独身，占总教职人员的2.3% 左右。① 此外，有关中世纪英国教职人员其他的一些例子也证明了独身主义和禁欲思想的影响力和影响范围并非那么强大和广泛。在12 世纪的英国，虽然教会要求教士独身，但这并不是一种社会风俗，教士的家庭中也会育有后代，来自里沃兹的艾尔雷德和理查德·普尔主教证明了这点。② 此外，地区教会的高层们似乎更乐意让自己的兄弟或是外甥来接班，从而为自己的家族累积资源。因此，即便是在教会强调和支持独身主义思想的时候，也并没有在很大程度上阻止人口的增长。

　　相比教职人员的独身主义和禁欲思想对人口的影响，妇女独身的思想对人口的影响更大一些。根据佛罗伦萨大学人口统计学教授马西姆·利维巴茨的计算，在中世纪，如果其他因素都保持不变，若有 10%左右的女性独身（到 50 岁不结婚），则对于出生趋势的影响大约有

---

① Josiah Cox Russell, Medieval Population, Social Forces, Vol. 15, No. 4 (May, 1937):506.

② Josiah Cox Russell, Medieval Population, Social Forces, Vol. 15, No. 4 (May, 1937):506.

15%，甚至可能再多一点。[1] 另外，安德鲁·海德根据总体生育率、净繁殖率的变化趋势，推算出中世纪英国如果女性独身比例为10%，则人口的增长率会下降10%左右，甚至比这个比例更大。[2] 由此可见，女性独身对人口的影响之大。

除了结婚年龄和独身人群外，在婚姻中另一个需要关注的是寡妇再嫁。中世纪英国对寡妇的态度是比较开明的，寡妇可以独居，例如在《大宪章》第八条规定中明确指出，"凡寡妇愿意独居者不得强迫她改嫁"。而寡妇再嫁，在1008年的埃塞雷德的教会编年法典中规定，寡妇在服丧一年以后有重新选择丈夫的权利。[3] 在一些城市，如伦敦或是伊普斯维奇，寡妇对自己的房屋持有支配权，对整个家庭的经济也持有权利，直到她们度过余生或是重新嫁人。其他的一些地方，如诺丁汉郡，寡妇可以分到一半的财产[4]，这些都为寡妇再嫁提供了便利。在中世纪英国，寡妇再婚的人数比鳏夫多得多，根据对14世纪末和15世纪约克郡遗嘱清单的分析可以发现，有$\frac{1}{3}$到$\frac{1}{2}$的寡妇再婚，而仅有$\frac{1}{7}$到$\frac{1}{6}$的鳏夫再婚。[5] 一些地区的领主愿意寡妇再婚，这是因为他们可以收取婚嫁费。相比其他人而言，比较富裕的寡妇，尤其是来自贵族阶层的寡妇们

① Massimo Livi Bacci, *The Population of Europe*：*A History*，Blackwell Publishers Ltd，2000：107.

② Andrew Hinde, *England's Population*：*A History Since the Domesday Survey*，Hodder Arnold，2003：36.

③ Frederik Pedersen, *Marriage Disputes in Medieval England*，The Hambledon Press，2000：6.

④ D. M. Palliser, *The Cambridge Urban History of Britain*，Vol. 1，Cambridge Universtiy Press，2000：87.

⑤ Rosemary Horrox and W. Mark Ormrod (ed.)，*A Social History of England*，1200-1500，Cambridge：Cambridge University Press，2006：430.

愿意守贞，因为她们不用迫于家庭的压力去再婚。① 寡妇再婚的趋势在
1300 年左右在全部婚姻中占有比较高的比例，② 并且在 1348 年左右，
寡妇再婚的趋势进一步上升，有些地区，如伦敦达到了 50%。在寡妇再
婚的婚姻中实质是依靠已有的经济地位，而非去创造新的经济地位。

　　从中世纪英国的婚姻观可以看出，英国的婚姻模式符合欧洲婚姻模
式的特点，即有相对比例的不婚人群，以及部分人群结婚年龄较
晚。③ 英国中世纪的婚姻观在"结婚的年龄"和"独身"这两部分影
响着人口的发展，尽管无法找出确切数据来统计独身的人数，但是仍然
可以从人口学家的推断中认知到"独身"对人口的巨大影响。

　　在中世纪婚姻中，特别需要注意的人群是寡妇。由于在中世纪的英
国男性的死亡率比女性高，例如，在 15 世纪英国贝德福德郡的遗嘱中，
326 份遗嘱中有 235 份（占 72%）提到健在的妻子，而在伦敦哈斯汀法
庭中，3300 份男子遗嘱中有 1743 份（占 53%）提到在世的妻子，④ 这
就表明英国存在着大量的寡妇。寡妇再嫁在中世纪的英国是允许的，并
且从多方面来讲，也是受到鼓励的，领主们可以收更多的税，单身的男
性们通过与寡妇结婚可以获得一定的经济支持和劳动力，而对于寡妇自
身而言，她们也需要陪伴和抚养孩子，她们的再嫁一般而言也会使人口
有所上升，因为在条件允许的情况下，寡妇在新的家庭还是会孕育新的
孩子。

---

① P. H. Cullum, Vowesses and female lay piety in the province of York, 1300 - 1530,
Northern History, 32 (1996)：35 - 6.

② R. M. Smith, Demographical Development in Rural England, 1300 - 1348：a survey, in
B. M. S. Campbell (ed.), Before the Black Death：Studies in the "Crisis" of the Early
Fourteenth Century (Manchester, Manchester University Press, 1991)：77.

③ Carlo M. Cipolla, *Before the Industrial Revolution：European Society and Economy*, 1000 -
1700, Routledge, 1993：123.

④ 俞金尧：《中世纪晚期及近代早期欧洲寡妇改嫁》，《历史研究》2000 年第 5 期，第
138 页。

二、生育观

在谈论到生育观的时候，首先考虑的是出生，尤其是会联想到母亲将新的生命带到了世界上。而论及中世纪英国的生育观，本书所要涉及的是人们对新生命诞生的看法和观点。在中世纪英国乃至欧洲，女性的生育年龄通常在 18—42 岁，年幼和年老的女性所生育的孩子并不多。① 生育孩子对中世纪的人们来说不仅意味着新生命的到来，同样也具有额外的内涵，例如孩子意味着新的和脆弱的灵魂，许多学者认为孩子出生的仪式是女性所独有的。英国中世纪女性在生产时，主要的帮手是朋友、邻居和亲属，而非专业人士，这些人通常年长并且富有经验。只有在一些大的城镇才会有专业的助产师，这也表明了当时的生产条件有限。而有关杀婴和弃婴，在中世纪英国没有制度上的规定，由于资料的缺失，也无法考量。教会对人口的出生有一套自己的理念。首先教会反对社会中杀婴和避孕这两种行为，尽管这两种都是控制人口增长的常见方法。② 教会认为婚姻就是为了生育子嗣，没有子嗣的婚姻被认为是卖淫。妇女在哺乳期进行性生活在某些时候是被禁止的，但是在这段时间内所出生的孩子似乎可以抵消因为健康问题而离开的孩子。

在中世纪的英国，哺乳和禁欲是控制人口的好方法，除此之外，流产和避孕也是控制人口的重要方法，但后两者在中世纪时期并非特别突出。③ 中世纪英国，母乳的喂养一直持续到孩子两岁的时候，这样既可以使孩子们增强身体素质，同时延长母乳喂养的时间可以降低生育率，从而有一定的间隔生孩子。而关于禁欲和避孕，很少有证据表明在 19

① ［意］卡洛·M. 齐波拉主编：《欧洲经济史第一卷：中世纪时期》，徐璇译，北京：商务印书馆 1988 年版，第 16 页。

② N. E. Himes, *Medical History of Contraception*, Baltimore, 1936：135.

③ Josiah Cox Russell, *The Control of Late Ancient and Medieval Population*, American Philosophical Society, 1985.

世纪以前这两种方法在很大程度上可以有效控制人口的出生。但是，在
14 世纪早期的文档资料中已经发现了禁欲和避孕的现象。14 世纪 20 年
代，赫里福德郡的主教约翰·布罗姆亚德（John Bromyard）曾写道：
"有相当多的人在惊讶婚姻中的不孕现象。"① 大约在同一时期，索尔兹
伯里主教区的牧师——帕古拉的威廉（William of Pagula）写了一本名
为《祭司的眼睛》的著作，在这本书中，他表达了对两性关系的关注，
并且描述了 "为了不拥有更多的孩子，一个男人对他的妻子或者其他
的女人在肉体上不会做任何的事，他的妻子也不会做任何的事"。由此
可以推断怀孕的可能性被阻止了，② 当然这些证据不能十分充分地表明
禁欲和避孕的方法在 14 世纪早期造成了人口的减少，但由此可以看出，
在中世纪确实存在着禁欲和避孕的现象。此外，根据戈尔德博格
（Goldberg）的描述，在中世纪，男子和女子已经知道了一些堕胎的知
识，另外，他还推算出大约有 10% 的夫妻不孕或者保持着不要孩子。③

从某种意义上说，中世纪英国的生育观仍具有一定的开放性。在这
一时期，英国存在着一定数量的私生子便是最好的证明。关于私生子的
定义，在英国普通法和宗教法中有很大的不同，普通法强调的是缔结婚
姻的日期，认为在缔结婚姻前出生的子女不是合法婚生的，应当被视为
私生子，而在宗教法中，它所强调的是婚姻本身的合法性，只要两个人
的婚姻是合法的，那么其子女都是合法婚生的，无论是婚前生的还是婚
后生的，由此，宗教法并不把婚外生的孩子看作私生子，而普通法则把

---

① P. P. A. Biller, Birth Control in the West in the Thirteenth and Early Fourteenth Centuries, Past and Present XCIV (1982), pp. 4-5.

② P. P. A. Biller, Birth Control in the West in the Thirteenth and Early Fourteenth Centuries, Past and Present XCIV (1982), p. 21.

③ P. J. P. Goldberg, "Life and Death: the Ages of Man" in Rosemary Horrox and W. Mark Ormrod (ed.), *A Social History of England*, *1200 - 1500*, Cambridge: Cambridge University Press, 2006: 427.

婚外所生的一切子女视为私生子。① 在英国，妇女怀孕生下了私生子，这些孩子不会遭受到其他人的蔑视，同样，这些非婚生的子女在以后的婚姻中也并没有地位下降。只要这些私生子被认同，他们不会被自己的家庭或是村社共同体视作流浪的人或是被驱逐的人，尽管私生子不能继承习惯上的土地，但他们的身份并不受到歧视。而且如果这名私生子是家族唯一的继承人，那么他则可以继承土地，直到他死后，除非私生子没有子嗣，地产才可以充公没收，否则，私生子的子嗣只需向领主交纳一定的进入税就可以获得他父亲留下的地产，当然，通常这时所交的进入税金额比较巨大。由于私生子的母亲多为条件贫苦的女性，所以许多私生子在婴幼儿时期就已经死亡。一些母亲生下私生子并将他们抚养长大是为了有机会和他们的亲生父亲结婚，另一些母亲则是出于母爱的关怀，同时抚养孩子长大是为了能在自己年老的时候有人给予自己支持和帮助。但是无论出于哪种原因，私生子的存在是普遍的现象。②

三、疾病与卫生医疗条件

中世纪英国的人们由于缺乏良好的居住环境和必要的医疗知识，经常会患各种疾病，这些疾病严重影响着人们的健康和寿命。这些疾病包括牙周疾病，中世纪时期人们普遍缺乏维生素 C 和维生素 D，由此引起了牙周的细菌感染和消化不良。此外，大多的口腔炎症是由空气污染所引起的。

腺状疾病，即淋巴结核，这种疾病被当时的资料称为"国王的罪恶"，是亨利一世统治时期贵族易传播的疾病，而因淋巴结点溃烂而引起的损坏被认为是对"涂油君主神圣的触摸"。

---

① 刘城：《英国中世纪教会研究》，北京：首都师范大学出版社1996年版，第136页。
② 陈志坚：《试析中世纪英格兰教会对私生子权利的保护》，《首都师范大学学报》（社会科学版）2011年第3期，第11页。

　　肝脏的感染主要是由羊肝吸虫和绦虫引起的，治疗这种疾病的药物同样对消灭虱子、扁虱和跳蚤这样的寄生虫十分有效。未洗的衣服以及用于铺床和铺地面的潮湿的稻草也是这些寄生虫滋生的地方。

　　间日疟或称"枯草热"是由蚊子传播所引起的，在中世纪英国的低洼地区和沼泽地区十分流行，直到 19 世纪中期此类病情才略好转。

　　普遍存在的眼疾和皮肤的疾病反映了当时社会饮食和环境问题，因为许多眼科疾病是由不良饮食和对个人卫生的忽略，以及不卫生的居住环境、工作上的损伤所引起的。许多眼科疾病还因为刺激性的灰尘和烟雾而引起，通常来自家庭住房内部的烧火行为（做饭、取暖等）。

　　麻风病在英国 9—14 世纪流行，在当时是致命的，在穷人和营养不良者之间传播，尤其是在人多和肮脏的环境下。为了治疗麻风病人，在诺曼征服（1066 年）之后到 1350 年之间，英国有超过 300 家专门的麻风病医院建立了起来，许多医院规模非常小且存在的时间也不太长，但这些医院在当时被认为是病人们祈祷和避难的地方，而不是病人们被隔离和限制的地方。①

　　骨关节炎，特别是肩部和脊椎的炎症容易从年轻的时候就开始发展，在阴冷潮湿的环境下变得严重，许多农业劳动者容易患此病。

　　汗热病，又称英国黑汗热，分别在 1485 年、1508 年、1517 年、1528 年和 1551 年爆发。这种病的病因至今仍是一个谜团，但是从病发的症状可以看出，男性的病死率高于女性，经济条件优越的中年人为高发人群，症状为突发急性高热并伴有大量出汗。这种疾病传播速度之快、范围之广令人惊讶。在 1485 年英国伦敦爆发的汗热病，有大约 1.5

---

① C. Rawcliffe, *Leprosy in Medieval England*, Woodbridge, 2006：113.

万人在这场灾难中死去，大约占伦敦人口的 $\frac{1}{3}$。①

但并非所有的医疗问题都来自营养缺乏和疾病，许多个人的健康问题是由于缺乏安全防卫的重体力劳动和在工作环境中机械工具而造成的，例如用力抬举可能导致疝气，而泥瓦匠、打谷者和金属加工者则可能患眼科疾病。偶然事件也很普遍，许多病情变得严重是由于当时抗生素和输血的缺乏。

生孩子，被当时人们称为"夏娃的女儿们所承受的疼痛的遗赠"，是许多成年妇女所面临的巨大挑战。由于普遍较差的体质，使得很大一部分女性人口因此受到损失。已经生育的母亲会受到贫血和其他饮食缺乏的影响，可能在身体上还有会畸形，如佝偻病。其他一些产后的女性可能还要受到永久的伤害，如子宫脱落和阴道或肠道的脱落。

此外，英国恶劣的居住环境，特别是城市居住环境的狭小空间、四处乱扔的垃圾、被污染的水源，以及饮食中维生素 C 和维生素 D 的缺乏、铁的缺乏，这些都会加剧疾病的传播，导致更多的人口患病或是死亡。

针对出现的种种疾病，中世纪的英国也从各方面来进行救治，其中最主要的救治地点是医院。当时的医院是具有宗教性质的，这种宗教性体现在由于中世纪的教会是文化知识的聚集地，因此在教会中有许多医书和医典，这些书籍呈记有必要的救治知识。此外，教会有大量的修士和修女，他们可以充当医院中的医务人员，更重要的是，修道院、教堂等宗教性质的地方不会受到战乱的打扰，可以为患者提供平稳的治疗环境。尽管医院在当时具备良好的治疗环境，并且可以为患者提供一定的

---

① R. S. Gottfried, Population, Plague, and the Sweating Sickness: Demographic Movements in Late Fifteenth-Century England, Journal of British Studies, Vol. 17, No. 1 (Autumn, 1977): 20.

救济，但对于当时经济条件欠佳的人来说，家庭也是治疗疾病的一个场所。在家里进行治疗可以减少财力和人力的支出，并且相对于其他地方有更好的隔离性。在必要的时候，政府也会出资出力来帮助救治患者，例如在大规模疾病蔓延时期，政府会采取一系列防护措施，此外，政府对医药业还起到一定的监管作用。

但中世纪英国的医疗水平也存在着自身的缺陷，例如有时医学权威无法正确解释疾病的来源，通常只能把它们归为精神层面的原因或者照搬使用加林（Galen，古希腊名医及医学作家）和阿维森纳（Avicenna，伊斯兰医学家）老一套的治疗方法。因此，医疗职业普遍受到怀疑，内科医生甚至被戏称为"好色之徒"，这是由于他们的治疗方式而得名的。许多民间的治疗方法，通常指服用的药剂，可以用来填补治疗上的空白。但无论是专业的，还是民间的治疗方法都无法成功地完全治愈疾病所带来的痛苦。因此，医生们意识到了预防措施的重要性，并且给出了有关清洁的实用建议来避免疾病。适度原则通常也被认为是预防传染性疾病的重要原则——适度饮食、适度喝酒和适度对生活的控制。

四、饮食与营养

人口与饮食联系的基础是人口对食物的总体利用率，即对营养的吸收，以及人口与食物所能提供的营养之间的关系。人口下降的直接原因是死亡率的上升，而隐藏在死亡率背后的是中世纪人口的慢性营养不良。福格尔（Fogel）在谈论到近代早期欧洲人口死亡率减少时，发出了这样的感叹："慢性营养不良的消失在世俗健康水平的提高和预期寿命的增加中占有绝大部分的原因。"[①] 同时，他认为死亡率的下降很大程度上依赖于平均营养吸收的提高，通过人口的质量（体重）和身高

---

① R. W. Fogel, "Second Thoughts on the European Escape from Hunger: Famines, Chronic Malnutrition, and Mortality Rtes", in *Osmani*, 1992: 243-244.

体现出来的。同样地，麦基翁（McKeown）认为关于疾病的引起，主要是由于营养的缺乏。① 由于食物的可利用率（营养的吸收）与人口存在着密切的联系，可以分析出人口与饮食的关系。

　　食物有效性的一个重要影响体现在对人口至关重要的营养吸收方面。经过了撒克逊时期，经济发展成为谷物产量增加的重要因素，同时也推动了耕种的扩大。由于人口的增长，人均牲畜的数量在11世纪到13世纪末减少了。农业土地产量的减少和动物饲养的减少，限制了饮食的种类和食物的增加——在某种程度上导致了饥荒。人口在14世纪初已经下降，尤其在饥荒和黑死病后下降得更厉害——对普通食物的食用形成了一定的限制。14世纪后期饥荒在英国的影响度下降，饮食模式也大幅度改良，饮食中有了大量的肉和乳制品。②

　　人口的增长需要稳定的食物数量和分配。由韦克（Wics港口）发展起来的许多14世纪的大城市，商业化和市场供货的体系对城市和农村食物的数量、质量和范围产生了重大影响。在城市中人口的增长依靠谷物的供应——这些根据1200年以后有关市场的记录可得。贩肉模式的变化证明了肉类供应单纯从牛和羊转变为以市场为基础的供应。一些食物的供应，例如菜园里的蔬菜和国内的家禽都出现在了城市的市场上，但并非完全商业化。另外，以市场为基础的经济是中世纪晚期饮食范围不断扩大的关键，同时也可以进口许多食物，如辣椒、干果、海鱼和国外的水果，以及红酒。同样，食物的供应和饮食的范围的变化对于农业和牲畜饲养，农民和封建主义的发展也是十分重要的。

　　在长期的历史发展中人口营养供给是变化的，人口最主要的营养是

---

① C. M. Woolgar, D. Serjeantson, and T. Waldron (ed.), *Food in Medieval England: Diet and Nutrition*, Oxford University Press, 2006: 240.

② Dyer, *Standards of Living in the Later Middle Ages: Social Changes in England c.* 1200-1520, 2nd edition. Cambridge University Press: 70-71.

来自谷物。富裕农民将公地分成条田，以提高谷物的产量。在黑死病以前，粮食中小麦数量很少，大多数是大麦、燕麦或者是混合的谷物和豆类。虽然这些植物生长在农田里同样可以用来饲养一些动物，但是直到13 世纪，在农村地区饲养牲畜的水平依然很低。到 13 世纪，农民在肉食和乳制品方面的花费几乎没有，这必然导致人口营养中脂肪和蛋白质的下降。一些资料表明，贫困的农民很少吃牛肉，动物学研究也表明当时的肉食消费数量并没有大规模地建立起来。猪的饲养在农民家庭中是非常重要的，但是猪大多被用来买卖，农民们自己很少吃它们。当一家人的粮食不够时，一些食物已经可以通过购买获得——尤其是一些小麦或是其他谷物。与此同时，农民还饲养母鸡、鹅，有时还养鸭子，这些家禽的饲养主要是为了给自己的家庭食用，或者交给领主用来买卖。鸡蛋是当时另一个非常重要的蛋白质来源，在当时鸡蛋的数量也相对较多。但农民们不太乐意将鹅留在家中饲养，尽管当时很多人都养鹅。

　　中世纪英国渔业的规模比较小，一般是在靠近河流或是支流的地方——在这些地方的遗迹中能够发现饮食中有鱼类，但很少在其他农村的历史遗址上发现有鱼骨头。[1] 那些住在内陆的人口想要获得鱼并将之保存，只能通过购买来获得。据考古发现在 11 世纪以后，鱼在某些地区成为饮食中的关键组成部分。但遗址很少有证据表明在农村地区吃晒干的鱼。农村遗址同样无法证明一些小的鸟类被食用，尽管可以从历史文献中找到它们被抓捕的记录。这也表明了可能抓捕它们用于买卖，买卖鸟类比自己消费更有价值。一些人在没有饲养优牛、羊或猪的情况下更愿意饲养小鸡。一些野外的食物，尤其是植物性食物，在很多乡村地区被穷人食用，但是在诺曼征服后，法律规定穷人不能杀害过多的野生动物。一些农村地区的人口食用马肉——至少可以从一些农村遗迹中可

---

① B. J. Muus and P. Dahlston, *Sea Fishes of Britain and North - Western Europe*, London: Collins, 1974: 64.

以看出相比牛肉而言，食用马肉的比例很高。

大部分人在收获的季节及随后几个月中可以获得丰富的食物，在收获的季节中提供给劳动力的食物也是最多的。一年内最贫瘠的时候是收获前的几个月，通常是 5 月或 6 月。但富裕农民的饮食，是相当不错的，尤其是他们可以获得田园里的食物。

城市的饮食与农村的饮食大不相同。首先城市的食物数量常常会受到菜园、果园和牲畜相对数量较少的限制。这可能导致城市在更大程度上依赖之前所贮备的食物，或者更依赖于市场销售。在撒克逊时期的居民，肉类（也可能是谷物）不是从市场上获得的，而是通过城市领主的赞助或是其他组织获得的。最早的城市或者贸易港口食用肉类的品种是比较单一的，但也比农村的品种会多一些。当城市屠户出现的时候表明城市从此可以获得新鲜的肉类。到中世纪晚期，肉类的品种变得多而且分类更为详细，牛和羊变得更为肥壮，推动了城市屠宰场的发展。一些食物被保存得很好，如火腿、香肠和鱼。还有一些食物可以很好地适应城市市场的需要，例如大的海鱼，在许多城市的需求量比乡村地区的需求量更高。

在中世纪城市饮食中一个重要的方面是维持谷物的供应量，因此面包对于政府和国家来说非常重要。在中世纪后期，政府确定了定价机制，以确保面包的持续供应，但一条面包的大小主要依赖市场的波动，面包会常常出现在大多数人的日常购买中。在城市市场中食物的种类繁多，在中世纪末期，食物包括猎物和野禽。菜园同样也为城市提供了蔬菜和水果；乳制品、家禽和家禽下的蛋，也可以通过周围的农村来获得。

上层人士的饮食与大多数人不同，他们食用的肉类比其他人都多。在撒克逊时期，有牛肉；在 11—13 世纪的时候，他们食用的有猪肉和牛肉。① 在英国中世纪晚期的时候，有了一点变化，猪肉的消费量减少，上层人更多地食用其他肉类和鸟类。在富裕家庭中牛、羊肉占有主导地位，而猪肉被这些家庭的其他成员和仆人食用。尤其是鹿肉，能够显示出上层人士与其他人群的不同。经过精心装饰和调味的食物，在诺曼征服后，如葡萄酒相比麦酒更能体现出制作工艺上的区别和身份上的象征。

至少在 12 世纪，鱼同样在上层阶级的饮食中占有很重要的地位。上层人士家里的面包质量是最好的，麦芽酒在质量上也是很好的，但是不太能够确定他们食用蔬菜和水果的占比。乳制品在一定范围内受到了高度的重视，它们可以从家里的农场中获得，但这些乳制品获得的数量没有被详细记录下来。

根据人口的饮食可将人口变化进行划分。一是人口的增长，大约11 世纪末 12 世纪初到 14 世纪（c. 1100—1300）。这阶段人口的增加主要得益于很多积极因素的转变，如气候、经济环境，技术和社会组织的发展也为人口的增加提供了很大的帮助。二是人口的减少大约在 14 世纪初到 15 世纪，因为大饥荒和其他一系列危机，例如农业危机使得谷物价格发生波动，面包价格有时是连续几年翻倍。但并非所有的食物都是价格上涨的，例如家畜的价格并没有在饥荒最严重的年份增加，始终保持较低的价格水平，这是由于这些未涨价的食物并不是人口的主要食物。在 15 世纪尽管人口的蛋白质吸收大量增加，但是蛋白质的增加并未引起人口大规模的增加。但是，这一时期也是一个高生育率和高死亡率的时期。高死亡率是因为瘟疫的重复发生和时疫的发生。三是 15 世纪末到 16 世纪是人口恢复的时期，一方面得益于死亡率的降低和出生率的增加，另一方面是营养的相对增加提高了身体素质降低了死亡率，

---

① C. M. Woolgar, D. Serjeantson and T. Waldron, *Food in Medieval England*, Oxford University Press, 2009: 272.

特别是婴幼儿的死亡率下降了。

关于饮食与营养对人口的作用，在这里无法做出一个具体而明确的估算，因此也不能夸大饮食与营养在中世纪人口上的作用，但是找出这饮食营养与人口之间的关系，对于研究中世纪的英国人口还是具有非常重要的参考意义。

第四节　政治因素

一、战争

战争对于人口的影响分为直接和非直接的。直接的影响体现在战场上人员的伤亡，非直接的影响则是对周围环境的破坏以及由于服兵役而造成结婚年龄的推迟或是孕育孩子机会的减少。英国的封建制度是以采邑制度为基础的，领主们分给附庸土地，附庸则需要为领主带兵打仗，因此形成了兵役土地保有权，即国王在向贵族分封新占领的土地或者贵族向其亲信再次分封土地的过程中，一般都会规定一定的土地作为保有土地的实质性要件，这些附着骑士兵役的土地亦称为骑士领（The Knight's Fee），而保有人则为兵役土地保有人。① 可见战争或者与战争相关的事物构成了中世纪人们日常生活的重要部分。中世纪英国的发展是一个逐步强大的过程，在此过程中亦少不了内部和外部的战争，仅14—16 世纪中叶，英国所发生的大规模战争就有数十场，见表 1-1。从表格中可以看出英国战争的次数之多，连续性较强，有些战争耗时长达几十年甚至上百年，在战争过程中会出现人口的伤亡，对人们的日常生

---

① 许二斌：《变动社会中的军事革命——14—17 世纪欧洲的军事革新与社会变革》，哈尔滨：黑龙江人民出版社 2008 年版，第 52 页。

活造成了巨大影响。例如，英国著名的诺曼征服，在征服战争前林肯郡约有 970 栋住房，但在征服后这一数量下降到 804 栋，这就表明，当时林肯郡总数为 6000 的居住人口中约有 1000 人无家可归，无家可归的人达到了总人数的 $\frac{1}{6}$。[①] 在诺曼征服之前的 11 世纪 60 年代，位于柴郡的切斯特承担定期税（Periodic Taxation）的房屋数量为 487 栋，但在 1086 年的时候仅剩下 282 栋，这表明切斯特的人口从 3019 人降至 1748 人，减少人数达到了总人数的约 40%。[②] 除了在战争中去世的人口之外，战争的爆发还加剧了地区的动乱，破坏了城市与农田，使得民不聊生，更重要的是，男子长期在外作战，家中劳动力减少，使得家庭生活条件下降。男子的长期在外和减少还使得女性受孕概率降低，即便是未婚男子外出打仗后侥幸能活下来，但他们的结婚年龄也已经推迟了。由此可见，战争是人口减少的一个重要原因，但绝不是唯一决定性的因素。中世纪各国大多经历了各种各样的战争，除了战争以外仍有其他的政治因素在发挥作用，但战争确实是造成人口减少比较直接的原因之一，同时，频繁的战争也存在着改变人口结构的可能。

表 1-1　14—16 世纪中叶英国的主要战争

战争冲突	时间（年）	战争冲突	时间（年）	战争冲突	时间（年）
英格兰-苏格兰	1314—1328	英国人入侵爱尔兰	1394—1399	英格兰-苏格兰	1482
英国边境暴乱	1322	英国亨利·柏林布鲁克叛乱	1399	英国西姆内尔叛乱	1486—1487

---

① ［美］迈克尔·V.C. 亚历山大著：《英国早期历史中的三次危机——诺曼征服、约翰治下及玫瑰战争的人物与政治》，林达丰译，北京：北京大学出版社 2008 年版，第 41 页。

② O. G. Tomkeieff, *Life in Norman England*, London, 1966：73.

苏格兰-英格兰	1332—1333	英国内战	1403	英国沃贝克暴动	1495—1499
百年战争	1337—1453	英国诺森伯兰叛乱	1408	英国弗兰莫克叛乱	1497
英国农民起义	1381	英国凯德叛乱	1450	英格兰-苏格兰	1513
英格兰诸侯暴动	1387	英国玫瑰战争	1455—1485	英格兰-苏格兰	1542—1549
英格兰-苏格兰	1388	英国-法国	1475	英国-法国	1549—1550

二、政府的政策

政府的政策对人口的管理是最为有效和直接的，通常一国政府对人口的控制主要是针对外来人口，尤其是针对外来商人。英国对外来人口的态度并非一直都是排斥的。11—13 世纪的犹太人，由于其从事信贷业，拥有大量的财富，因此在他们能为国王提供财政支持的时候，国王为他们提供了保护，例如英国国王亨利一世和亨利二世时赐予了犹太人一系列特许权利。亨利二世时期，国王还给予犹太人社区司法自治权，同意在其社区内自行解决内部的纠纷和矛盾，但是重大刑事案件和特殊犯罪除外。① 在这一时期，尽管国王对犹太人采取了保护的态度，但保护的前提是要大量搜刮其财产，而且在英国民间还是存在大量反犹势力。当犹太人的财力被压榨一空后，对英国来说他们已经没有了利用价值，于是在 13 世纪末，国王无情地抛弃了犹太人，将犹太人驱逐出英国。虽然外来人口在英国存在的历史悠久，但从本质而言他们的生存环境并不轻松。在 15 世纪下半叶第一次征收外来人口税之前，英国的外来人口的其他税收已经让他们不堪重负。尤其是在 1435—1437 年，所

---

① 刘景华：《外来因素与英国的崛起——转型时期英国的外国人口和外国资本》，北京：人民出版社 2010 年版，第 38 页。

有的外国人不论在英国居住的时间长短，也不论其母国对英国的态度如何，一律都遭到了迫害，这些迫害所带来的结果是英国的外来人口总数大约减少了一半。① 由此可见，英国对外来人口的态度是建立在利益之上的，一旦利益失衡，就会采取相应的措施来巩固或加强自己的利益。其中最明显的方式就是增加经济掠夺和将外来人口驱逐出境，这两种方式都会对外来人口在英国的数量产生巨大的影响。

除了对外来人口的进行控制之外，英国政府还注重对国内人口身体素质的加强。在中世纪，体育锻炼是英国人生活中比较重要的一个部分。英国对体育健身的重视大概可以追溯到公元 8 世纪，从亨利二世起变得日益发达。英国的体育健身，在 12 世纪的时候就已经形成了一定规模，有了训练青年的系统性的体育教材，分类有跑、跳、射箭、击剑等。到了 13 世纪又增加了一些新的体育锻炼项目，如棒球、刀剑、舞蹈等。但是到 14 世纪爱德华二世时，这些体育锻炼都被禁止。直到爱德华三世，体育活动才又开始恢复，并且在这些活动中又增加了许多新的项目。② 英国鼓励体育健身的传统也一直延续到了今天。在中世纪中期，英国的体育运动较倾向于贵族化，但是随着国家对体育的加强重视和体育运动的传播，体育运动逐渐全民化、生活化，出现了许多民间的体育会和俱乐部。从人口的发展与国王（这里也可以直接认同为政府）对体育运动的态度可以看出，一个国家在倡导体育运动和体育锻炼的时候，其国民身体素质有所提高，如在亨利二世时期体育运动发展迅速，人口在这一时期是增加的。但也绝不能认为一个国家人口素质得到了锻炼，就一定会导致人口的增长。因为人口还会受到其他诸多因素的共同作用，而体育锻炼、身体素质的培养也仅仅是综合因素中的一部分，它所发挥的作用需要同其他因素综合起来看待。

---

① R. A. Griffiths, *The Reign of King Henry VI*, Stround, 1981：551.
② 程登科：《世界体育史纲要》，上海：上海书店出版社 1992 年版，第 129 页。

第二章

中世纪英国人口变化的阶段划分

第一节　判断人口变化的参数

关于人口的划分方法，有多种不同的方式，比如安德鲁·海德在《英国人口——从末日审判开始的历史》一书中按重大事件来划分，可以将11—16世纪的英国人口划分为：第一阶段，1086年——黑死病暴发前；第二阶段，黑死病及其影响期；第三阶段，15—16世纪。庞兹在《中世纪欧洲经济史》一书中认为经济的增长亦代表着人口的增长，由此将欧洲的人口划分为：第一阶段，中世纪早期的平稳阶段，即10世纪或11世纪到13世纪；第二阶段，14、15世纪，人口先下降，后动荡；第三阶段，15世纪末期，人口呈上升趋势。《英国剑桥城市史》则按照城市化的理论，即按照城市人口的数量来进行划分：以1300年为分水岭，从1086年到1300年为一个阶段。1086年的时候英国7%的家庭生活在城市，10%的人口生活在城市。此后城市人口的比例增长，到了1300年至少有一半人口居住在城镇。《人类人口史》则按照明显的G趋势（上升趋势）和D趋势（下降趋势）来进行划分，1250—1269年是G趋势，1260—1348年为第二个G趋势，1343年后为第一个D趋势，15世纪早期为第二个D趋势。类似于这些从不同角度来划分的方式仍有许多，在此不一一论述，尽管不同的划分方式都有其合理性，但从直观性和客观性来看，从人口学的角度来进行划分，显得更为妥帖，而人口学角度的划分的依据主要包括以下几个方面：人口的数量、人口的增长率和人口的替代率。

一、人口的数量

在对人口进行研究和分析时人口数量是最直观、最明显的一个数据。通过学者们对英国中世纪人口数量的估计和统计，可以非常清楚地看出英国人口的变化趋势以及变化的周期。在众多历史著作中，人口学家、经济学家大多都对英国中世纪的人口做出了自己的估计、推算和统计。当然，历史著作中对人口的统计和研究不仅局限于中世纪，例如在罗马人进入不列颠之前，就已经有历史学家对英国人口进行了估计（见表2-1）。到了罗马不列颠时期，历史人口学家做出了统计，这种统计基于农业生产力水平及可能的人口密度，他们的估算当时的人口一度低至50万到100万，而近年来其他学者对罗马不列颠时期人口的估算为400万到600万。①

表 2-1 公元前 5000 年至公元前 100 年的人口统计②

年份	人口（人）
公元前 5000 年	6 万
公元前 3000 年	10 万
公元前 1800 年	30 万
公元前 100 年	150 万

关于中世纪人口的估算，史学界有多种说法，但任何一种说法都无

---

① ［英］阿萨·勃里格斯：《英国社会史》，陈叔平、刘城、刘幼勤、周俊文译，北京：中国人民大学出版社 1991 年版，第 35 页。

② 根据 Prior, Francis, *BC Life in Britain and Ireland Before the Romans year*, London: Harper Perennical, 2004 总结得出。

法将每一个确切年份的确切数字估算出来，因此，如何有效地在众多的数据中进行归纳总结，并且准确分析出人口的趋势和变化的周期，是非常值得商榷和探索的。现有的一些史学著作中，史学家们经常使用的方法是将中世纪的这些年份分成若干段，在每一段时间中，寻找一个年份作为一个基准年份，这一基准年份是连接前后两个时间段的关键点。在中世纪英国人口中，比较重要的年份是 1086 年和 1377 年，1089 年的《末日审判书》提供了全国调查（1086 年）及以前的人口状况。而1377 年英国开始征收人头税，可以从税收来估算人口的数量。因此，可以将 1086 年和 1377 年作为英国人口的基准年。关于 1086 年的人口数量主要是从《末日审判书》中获得，拉塞尔认为 1086 年人口的总数可以概括为一个公式，即人口总数 = 房屋数×3.5①+城市人口的数量。但是达比在估算过程中认为拉塞尔的系数偏低，他认为每户人口系数应位于 4.5 与 5 之间，而由此估算出来的人口也比拉塞尔的 110 万多，大约为 145 万—160 万。② 哈维则认为 1086 年的人口应为 200 万左右，相比更高的每户人口系数，哈维更关注遗漏人口，认为遗漏人口的数量比达比所估计的 5%要多得多，③ 因为《末日审判书》主要关注的是有土地的总佃农（Tenants-In-Chief）和总佃农下面的大佃农（Head Tenants），但是往往忽略了小土地所有者和无土地者。波斯坦对 1086 年人口的估计

---

① 拉塞尔在其一系列著作和文章中皆认为英国农村的每户人口系数为 3.5。例如，在其代表作《英国中世纪人口》（*British Medieval Population*, Albuquerque：University of New Mexico Press, 1948）、《英国瘟疫前的人口》［"The Preplague Population of England", Journal of British Studies, Vol. 5, No. 2（May, 1966）: 1-21］、《中世纪人口》［*Medieval Population*, Social Forces, Vol. 15, No. 4（May, 1937）: 503-511］中。

② H. C. Darby, *Domesday England*, Cambridge：Cambridge University Press, 1977：88.

③ S. Harvey, "Domesday England", in H. E. Hallam（ed.）, *The Agrarian History of England and Wales*, Vol. II, 1042 - 1350, Cambridge：Cambridge University Press, 1988：45-136.

则更为大胆，他估计在 260 万—300 万。[1] 据此，可以概括出 1086 年人口比较详细且具有代表性的观点，见表2-2。

表2-2　1086 年英国的人口

	拉塞尔[2]	达比[3]（每户人口系数为4.5）	达比[4]（每户人口系数为5）	哈维[5]
所记录的乡村户数（户）	268.3	268.3	268.3	268.3
遗漏率（%）	0.0	5.0	5.0	25.0
总乡村户数（户）	282.2	295.6	295.6	349.3
每户人口系数	3.5	4.5	5.0	5.0
总乡村人口（千）	978.7	1130.2	1478.0	1746.5
城市人口（千）	117.4	1450.2	120.0	120.0
总人口（千）	1105.1	1450.2	1598.0	1866.5

注：1. 在哈维的估算中他的两种不同的每户人口系数的估算并没有适用于北方诸郡。2. 拉塞尔对城市人口的估算中包括教士的数量。

1377 年的人口主要是从人头税报告来进行估算。在对 1377 年人口的估算中，拉塞尔认为估算的关键是儿童的比例和统计漏查的比率。拉塞尔认为小于 15 岁的儿童比例为 33.3%，而波斯坦则认为儿童的比例为 40%—45%。波斯坦这一估算遭到了许多学者的质疑。他们认为即便

---

[1] M. M. Postan, "Medieval Agrarian Society in its Prime：England", in M. M. Postan (ed.), *The Cambridge Economic History of Europe*, Vol. I：*The Agrarian Life of the Middle Ages*, second edition, Cambridge：Cambridge University Press, 1966：562.

[2] J. C. Russell, *British Medieval Population*, Albuquerque：University of New Mexico Press, 1948：54.

[3] H. C. Darby, *Domesday England*, Cambridge：Cambridge University Press, 1977：63.

[4] H. C. Darby, *Domesday England*, Cambridge：Cambridge University Press, 1977：89.

[5] S. Harvey, "Domesday England", in H. E. Hallam (ed.), *The Agrarian History of England and Wales*, Vol. II, 1042 - 1350, Cambridge：Cambridge University Press, 1988：48 - 49.

是在 1541 年以后，统计的数据随着资料的完善相较之前变得更为可靠，但在 1541 年以后的几十年的时间段内，从来没有出现过 15 岁以下的儿童超过 40% 的情况。[1] 同样地，布兰卡特（Blanchard）也指出了如此高的儿童比例，应是在由高生育率所带动的人口快速增长的时代，但人口在黑死病以后就下降了，像 40%—45% 如此高的儿童比例在 14 世纪的 70 年代是不太可能出现的，实际的比例应该更低些。

　　拉塞尔认为的另一个人口估算的关键是漏查率。他认为统计的漏查率是 5%，这是基于贫困者和未交税者得出的。而波斯坦则认为漏查率应为 25%，他是通过证明人头税与未指明的庄园的不一致来说明的。然而，普斯（Poos）却更认同拉塞尔的假设，他认同的依据是通过人头税和埃塞克斯教区什一税的比较得出的。坎贝尔（Campell）根据 1524—1525 年的税收报告和 1522 年的官兵总名册记载的不一致，得出了男性的逃税率大约为 1.5%—20%，若取一个平均值的话，大概为 10%。[2] 人头税是向成年男女征收的税款，但是中世纪后期的逃税率比前期的逃税率更具隐藏性。此外，戈德博格（Goldberg）认为，"女性的漏查统计率不会成为早期税务报告中的严重错误"[3]。根据拉塞尔假设的 33.3% 的儿童比例和 5% 的漏查率，得出 1377 年的人口数量为 223 万。而根据波斯坦认为的 45% 的儿童比例和 25% 的漏查率得出人口为 322 万。据此，参考两者的估值得出最佳的估计结果为 250 万，这是建立在儿童比例为 37.5% 和漏查比率为 10% 的基础上的，这些数据也印证了普斯（Poos）

---

[1]　E. R. Wrigley and R. S. Schofield, *The Population History of England* 1541 – 1871： *A Reconstruction*, Cambridge University Press, 1989, 表 A3. 1。

[2]　B. M. S. Campell, The Population of Early Tudor England： A Re－evaltion of the 1522 Muster Returns and 1524 and 1525 Lay subsidie's, *Journal of Historical Geography*, 7, 1981：150.

[3]　Goldberg, P. J. P, "Urban Identity and the Poll Taxes of 1377, 1379, 1381", *Economic History Review*, 43：200.

和坎贝尔（Campell）所举出的逃税证据。关于对 1377 年人口的评估，主要分为三种类型的估计，见表 2-3。

表 2-3　1377 年英国的人口估计

	拉塞尔①	波斯坦②	最佳估计（综合两者）
俗人（人）	1355555	1355555	1355555
教士（人）	30641	30641	30641
柴郡和达拉谟郡乞食会士的人口（人）	31994	31994	31994
成年人口总数（人）	1417380	1417380	1417380
15 岁以下儿童所占比例（%）	33.3	45.0	37.5
儿童人数（人）	708690	1159675	850428
包括儿童在内人口总数（人）	2216070	2577055	2267808
假设未统计人口比例（%）	5	25	10
未统计人口数量（人）	106303	644264	226781
总人口（人）	2232373	3221319	2494589

　　根据以上这两组数据，可以对整个 11—16 世纪的人口有一个大概的估计。对于人口的估计，可以通过分段来进行具体分析。我们将 11—16 世纪的人口划分为几个时间段，即 1086—1317 年、1300—1377

---

① J. C. Russell, *British Medieval Population*, Albuquerque：University of New Mexico Press, 1948：146.

② M. M. Postan, "Medieval Agrarian Society in its Prime：England", in M. M. Postan (ed.), The Cambridge Economic History of Europe, Vol. Ⅰ：*The Agrarian Life of the Middle Ages*, second edition, Cambridge：Cambridge University Press：562.

年、1377 年到 16 世纪，来分析人口的统计和估算。

第一个时间段，1086—1317 年。哈勒姆（Hallam）对这一时间段的估计是从不同资料中寻找基准年份中各庄园的人口情况，然后将庄园数据与《末日审判书》中的人口进行比较。哈勒姆（Hallam）将英国分为八个部分来进行考察，即东英格兰（包括林肯郡、诺福克郡、萨福克郡和剑桥郡）、东南部英格兰（包括米塞德斯郡、萨里郡、苏塞克斯郡和肯特郡）、东密德兰地区（包括诺丁汉郡、莱斯特郡、拉特兰郡、北安普顿郡、亨廷顿郡、贝德福德郡、赫特福德郡和白金汉郡）、南部英格兰（包括伯克郡、汉普郡、威尔特郡、多塞特郡和萨默塞特郡）、西密德兰地区（包括德比郡、斯塔福德郡、沃里克郡、伍斯特郡、格洛斯特郡和牛津郡）、西南英格兰（包括德文郡和康沃尔郡）、北部英格兰（包括约克郡）、英格兰的边界地区（包括赫里福德郡、赛洛普郡和柴郡）。① 哈勒姆（Hallam）经过分析和研究得出 1086—1317 年英国人口的趋势，见表 2-4。

表 2-4　哈勒姆（Hallam）对 1086—1317 年人口趋势的估计②

	1086 年	1149 年	1230 年	1262 年	1292 年	1317 年
东英格兰	100.0	165.7	299.3	368.3	416.2	433.7
东南部英格兰	100.0	—	—	259.5	260.3	382.0
南部英格兰	100.0	160.5	272.7	272.7	211.6	255.4

---

① Hallam（哈勒姆）在许多著作中都将英格兰分为八个部分来进行研究。如 *Rural England*, 1066-1348, The Harvester Press, 1981; *The Agrarian History of England and Wales*, Vol. Ⅱ, 1042-1350, Cambridge: Cambridge University Press, 1988。

② Hallam, H. E, "Populatiom Movements in England, 1086-1350", in Hallam, H. E. (ed.), *The Agrarian History of England and Wales*, Vol. Ⅱ, *1042-1350*, Cambridge: Cambridge University Press, 1988: 591-593.

续表

	1086 年	1149 年	1230 年	1262 年	1292 年	1317 年
东密德兰地区	100.0	168.8	218.5	255.1	316.2	305.7
西密德兰地区	100.0	209.2	211.6	252.8	233.7	317.7
西南英格兰	100.0	—	—	—	—	190.3
北部英格兰	100.0	—	—	781.1	1380.8	575.9
英格兰的边界地区	100.0	—	—	—	378.2	266.5
	100.0	171.2	248.0	309.9	326.0	315.1

注：1086 年＝100。

根据哈勒姆（Hallam）对 1086—1317 年人口趋势的估计，可以看出，他认为在 1086—1262 年人口总体增长了约 2 倍，但是在 1317 年前出现了停止。当然，哈勒姆的统计方法本身也存有一些问题，比如将资料分成了八个区域意味着每一个特殊区域所观察的数量很小，很难看出比较大的地区性人口的衰落。此外，哈勒姆的数据多以细节呈现，尤其是他对特殊年份的估计比较明显，但是这些年份通常包含前后很广泛的一个范围。例如，他估算 1149 年人口，但在估算中认同 1149 年几乎包含了整个 12 世纪的情况。

第二个时间段，1300—1377 年。在这一阶段，庄园部分的资料减少，尤其是 1315 年之前更少。在这一时间段，拉塞尔认为在 1325 年后人口剧烈反弹，并持续增长到 1349 年。但是从埃塞克斯郡的教区可以看出，人口在 14 世纪下半叶继续下降，可能是由于年轻男子移民去了伦敦①。这可能也证明了城乡地区人口流向的不同。

与 1348 年的黑死病一同而来的是险恶的天气和严重的农业歉收，使得三年内人口大幅度下降。根据哈彻对死亡率的统计，这几年的人口死亡率达到了 40% 以上。② 在某些时间段内，几乎全国都陷入瘟疫之中，如 1361—1362 年，1369 年和 1375 年，疾病极大地损害了人口的再繁殖能力，特别是到了 1377 年，人口几乎被摧毁了一半。③ 人口的下降幅度巨大，且范围覆盖了全国，影响着英国的核心区域和外围区域。

第三个时间段，从 1377 年到 16 世纪。在 1450 年后，人口的资料不再过度依赖庄园的记录——这时所有人口的数据都来源于不太直接的资料。史密斯（Smith）认为在 15 世纪的下半叶人口仍在持续下降，但他的看法也存在一些问题。根据估算 1541 年的人口数量为 283 万，但如果 15 世纪下半叶人口仍未上升，那么 16 世纪早期的年增长率将会高到令人难以置信。此外，马克·贝利（Mark Bailey）也指出英国人口从220 万变为 14 世纪早期的 450 万—650 万，在 1377 年下降到了 280 万，在 1524 年又下降到了 220 万左右。④ 但是，康沃尔（Cornwall）认为1522 年人口数量是 235 万，1450 年的人口则是 190 万，他的研究是基于教堂资料记录和 1377 年的人口税，根据康沃尔的估算可以看出，从

---

① L. Poos, *A Rural Society After the Black Death*: *Essex*, 1350 – 1525, Cambridge: Cambridge University Press, 1991: 87.

② J. Hatcher, England in the Aftermath of the Black Death, *Past and Present* 144, 1994: 8-9.

③ J. Hatcher, Plague, *Population and the English Economy*, 1348 – 1530, London: Macmillan, 1977: 25.

④ Mark Bailey and Stephen Rigby (ed.), *Town and Countryside in the Age of the Black Death*: *essays in honour of John Hatcher*, Brepols Publishers N. V., 2012: xx.

15 世纪下半叶到 16 世纪人口是增长的。①

从三个时间段分别来研究英国的人口，将这些时间段组合起来，并综合各方历史学家的意见，可以构建出英国 11—16 世纪整体人口的线索，见表 2-5。

表 2-5　英国中世纪人口变动的各种估算

估算者	每个时期的人口估计（万人）					
	1086 年	c. 1300	1377 年	1400s	1520s	1540s
J. C. Rusell②	110	370	223	210	322	
M. M. Postan③	260—300	600—700	300—340			
J. Cornwall④	220	230	280			
H. C. Darby⑤	122—148					
J. Hatcher⑥	175—225	450—≥600	250—300		225—275	
B. M. S. Campell⑦					105—292	
R. M. Smith⑧	110—250	≥600	250—300			

---

① J. Cornwall, English Population in the Early Sixteenth Century, *Economic History Review*, 1970: 39.

② J. C. Russell, *British Medieval Population*, Albuquerque: University of New Mexico Press, 1948.

③ M. M. Postan, "Medieval Agrarian Society in its Prime: England", in M. M. Postan (ed.), *The Cambridge Economic History of Europe*, Vol. *I*: The Agrarian Life of the Middle Ages, second edition, Cambridge: Cambridge University Press, 1966.

④ J. Cornwall, English Population in the Early Sixteenth Century, Economic History Review, 1970.

⑤ H. C. Darby, *Domesday England*, Cambridge: Cambridge University Press, 1977.

⑥ J. Hatcher, Plague, Population and the English Economy, 1348 - 1530, London: Macmillan, 1977.

⑦ B. M. S. Campell, The Population of Early Tudor England: A Re - evaltion of the 1522 Muster Returns and 1524 and 1525 Lay subsidies, Journal of Historical Geography, 7, 1981.

⑧ R. M. Smith, Human Resources, in G. Astill, and A. Grant, (eds.), *The countryside of Medieval England*, Oxford: Blackwell, 1988.

续表

估算者	每个时期的人口估计（万人）					
	1086 年	c. 1300	1377 年	1400s	1520s	1540s
H. E. Hallam①	≥200	652				
S. Harvey②	≥200					
E. A. Wrigley and R. S. Schfield③						277
I. S. W. Blanchard④	110—153	340—450	224			
B. M. S. Campbell⑤	150—250	400—425	225—250			

注：其中有些估算包含威尔士人口，但威尔士所占人口比例很小，故可忽略。

从以上这些数据可以看出，每一位学者所估算的 11—14 世纪初的人口都是持增长态势的。约翰·克拉潘认为，在 1180—1280 年人口的增加无疑是迅速的……在 1100—1300 年间英格兰和威尔士的人口增加了一倍。⑥ 阿萨·勃里格斯也认为，自地产调查时代（即末日审判调查）起到 13 世纪末期，人口数量很可能增加了两倍多，从 125 万增加到了 400 万。⑦ 在约翰·哈彻和马克·贝利的估算中，无论是最高估算

---

① H. E. Hallam, *The Agrarian History of England and Wales*, Vol. II, 1042 - 1350, Cambridge：Cambridge University Press, 1988.

② S. Harvey, Domesday England, in H. E. Hallam（ed.）, *The Agrarian History of England and Wales*, Vol. II, 1042-1350, Cambridge：Cambridge University Press, 1988.

③ E. R. Wrigley and R. S. Schofield, *The Population History of England* 1541 - 1871：*A Reconstruction*, Cambridge University Press, 1989.

④ I. S. W. Blanchard, *The Middle Ages：A Concept Too Many*? Avonbridge：Newlees Press, 1996.

⑤ B. M. S. Campbell, *English Seigniorial Agriculture* 1250 - 1450, Cambridge：Cambridge University Press, 2000.

⑥ ［英］约翰·克拉潘：《简明不列颠经济史：从最早时期到一七五○年》，范定九、王祖廉译，上海：上海译文出版社 1980 年版，第 110 页。

⑦ ［英］阿萨·勃里格斯：《英国社会史》，陈叔平、刘城、刘幼勤、周俊文译，北京：中国人民大学出版社 1991 年版，第 79 页。

还是最低估算，11—14 世纪初的人口发展趋势都是不断向上增长的。[1] 克里斯多夫·戴尔亦认为在 12 世纪、13 世纪人口是增长的，但对于这种大幅度的增长，他认为主要是由于农民数量的增加，尽管在城市中，人口的增长也很迅速，而这是因为这些增长的人口中很重要的一部分是来自乡村的移民。[2]

从 14 世纪早期到 15 世纪末，人口由原来的持续增长趋势转变为下降的趋势。14 世纪人口的下降主要是由于一系列的灾害。虽然在此之前，英国也曾在 11 世纪 80 年代、90 年代，12 世纪初和 12 世纪 90 年代遭受过类似于瘟疫、流感这样的灾害，[3] 但在历史上产生的影响却很有限。14 世纪早期至 15 世纪末这是"多事"的一个多世纪，无论是灾害、瘟疫还是战争，都给人口带来了巨大的冲击，而导致人口下降的导火线则是 1315—1317 年的农业危机。这场危机开始于 1315 年，那一年暴雨威胁着庄稼的生长。到了 1316 年的春末，"英格兰处于大范围饥荒的痛苦之中"并伴随着肠道疾病——也可能是伤寒。[4] 关于农业危机期间人口的变化，历史学家们一致认为这场危机产生了非常巨大的影响。波斯坦认为，在这几年中，人口的死亡率达到 10%—15%，[5] 拉塞尔也认为净人口的损失"达到了一定的百分比"。[6] 当然，这仅仅是人口灾

---

[1] John Hatcher and Mark Bailey, *Modelling the Middle Ages*: *The History and Theory of England's Economic Development*, Oxford: Oxford University Press, p. 29, Figure 2.

[2] Christopher Dyer, *Making a Living in the Middle Ages*: *The People of Britain* 850-1520, Yale University Press, 2002: 155.

[3] Julia Crick and Elisabeth Van Houts (ed.), *A Social History of England*, 900-1200, Cambridge: Cambridge University Press, 2011: 70.

[4] I. Kershaw, The Great Famine and Agrarian Crisis in England 1315-1322, *Past and Present*, LIX (1973), pp. 10-11.

[5] M. M. Postan, *The Medieval Economy and Society*: *An Economic History of Britain in the Middle Ages*, Harmondsworth, Plican, 1975: 10.

[6] C. Russell Josiah, The Preplague Population of England, *Journal of British Studies*, Vol. 5, No. 2 (May, 1966): 10.

难的开始，由饥荒所带来的是农业价格的上涨和谷物的短缺，而更严重的是在 1319—1321 年，英国又发生了羊瘟，使得英国这个以羊作为无比重要牲畜的国家再次受到了巨大的打击。在农业危机后，1348—1349年又发生了死亡率高达 40%—45% 的黑死病。① 此外，1361—1362 年、1369 年、1375 年以及 1437—1440 年，英国都受到了瘟疫的袭击，中间还穿插着一些其他灾难，比如 1337—1453 年的英法百年战争也促使人口有所下降。将 15 世纪末作为这一人口衰落时间段的终结点，波斯坦认为在黑死病以后，人口有了一个短时间的迅速恢复，但是并未持续太长的时间，但在 14 世纪的最后 15 年，人口真正开始恢复其上升趋势。② 普斯根据对埃塞克斯郡四个庄园的调查，也发现了人口的下降趋势从 15 世纪末开始有所回升，只是回升的趋势比较缓慢。同时，普斯发现在某一段时间内，不同庄园的表现也是不一样的，在某些时候，某些庄园这种回升的趋势陷入了停滞的状态。③ 索尔特马什（Saltmarsh）也阐明了 15 世纪的一些征兆表明了长时期人口连续下降的停止，而这鲜有史学家否认这种趋势。④ 从他的阐述中可以看出，人口直到 15 世纪末都是持下降趋势的。因此，15 世纪末既标志着人口下降趋势的结束，也意味人口下一个恢复阶段的开始，是英国人口下降阶段和恢复阶段的分界点。

---

① Andrew Hinde, *England's Population: A History Since the Domesday Survey*, London: Hodder Arnold, 2003: 45.

② M. M. Postan, *The Medieval Economy and Society: An Economic History of Britain in the Middle Ages*, Harmondsworth, Plican, 1975.

③ L. Poos, *A Rural Society After the Black Death: Essex, 1350 – 1525*, Cambridge: Cambridge University Press, 1991: 96-103.

④ J. Saltmarsh, Plague and Economic Decline in England in Later Middle Ages, *Cambridge Historical Journal*, Ⅶ, 1941: 18.

从 15 世纪末到 16 世纪，人口在经历了长期衰落之后，开始恢复上升趋势。有关人口具体的恢复时间，不同史学家有自己不同的意见。波斯坦认为，直到 15 世纪下半叶，人口总数恢复的迹象才开始出现。但在有些地方，些种迹象直到 15 世纪快结束时和 16 世纪开始的几十年才表现出来。① 钱伯斯（Chambers）认为，英格兰人口在 1450 年到 1470 年之间才开始重新增长，并且这种增长的态势一直持续到了 1650 年左右。② 罗伯特·S. 戈特弗里德（Robert S. Gottfried）在对中世纪晚期诺福克郡的小镇圣伯里埃德蒙滋（Bury St. Edmunds）做个案调查时，发现在这个小镇上人口在 16 世纪早期才开始稳步地增长，并且能够达到瘟疫前的人口水平。③

由此可见，无论是从总体上对人口恢复进行估计，还是对个案进行研究都可以明显地看出，英国人口的恢复出现在 15 世纪末到 16 世纪初这一阶段。当然，并不是英国所有的地方都遵循着一样的发展规律，每个地方都有自身的特殊情况，不可一概而论。

二、人口的增长率

人口的增长率主要是指年增长率，用统计时的人口总数减去对比年份的人口总数，所得到的差额再除以所对比年份的人口总数后，得到的就是人口增长率。人口的增长率相比人口的数量显得更具动态性，可以清晰地反映出人口增长的程度和趋势。与人口增长率密切相关的是平均每个妇女所拥有的孩子，其中有一部分是女孩子，而这些女孩能活到生

① M. M. 波斯坦：《剑桥经济史第一卷：中世纪的农业生活》，王春法等译，北京：经济科学出版社 2002 年版，第 489 页。

② J. D. Chambers, *Population*, *Economy*, *and Society in Pre - Industrial England*, Oxford University Press, 1972：14.

③ Robert S. Gottfried, Bury St. Edmunds and the Population of Late Medieval English Towns, 1270-1530, *Journal of British Studies*, Vol. 20, No. 1（Autumn, 1980）：30.

育年龄的概率，人口学家称之为净繁殖率（Net Reproduction Rate），简称 NRR。通过净繁殖率，可以来估算与这一代相关的下一代的人口。如果 NRR 为 1.0，则表示平均一个妇女只有一个女儿可以活到生育年龄，因此下一代人口大小规模与上一代一样；NRR 大于 1.0 表明人口是增长的，而 NRR 小于 1.0 则表明人口是减少的。但是在中世纪要获得女性的资料，相对而言是比较困难的。因此，在考察增长率的时候，学者们更多的还是用直观的数据来进行比对。

关于中世纪英国人口的增长率，斯蒂芬·布罗德贝利（Stephen Broadberry）、坎贝尔（Campbell）和巴斯·万·莱文（Bas van Leeuwen）的文章根据 11—16 世纪 445 个庄园的资料给出了详细的统计数据，见表 2-6。

表 2-6　英国人口年增长率（1086—1541 年）①

年份（年）	人口水平（以 1086 年作为 100 来进行对比）	年代（年）	年平均增长率（%）
1086	100.0	1086—1190	0.58
1190	181.6	1190—1220	0.83
1220	232.7	1220—1250	0.21
1250	247.9	1250—1279	0.16
1279	259.4	1279—1290	0.65
1290	278.5	1290—1315	-0.05
1315	274.8		

① Stephen Broadberry, B. M. S. Campbell, Bas van Leeuwen, English Medieval Population：Reconciling Time Series andCross Sectional Evidence, July, 2010, http：// www. qub. ac. uk/ schools/gap/ Staff/AcademicStaff/ ProfBruce Campbell/ FileStore/ Filetoupload, 207101, en. pdf.

续表

年份（年）	人口水平（以 1300 年作为 100 来进行对比）	年代（年）	年平均增长率（%）
1300	100.0	1300—1315	0.52
1315	108.1	1315—1325	-1.30
1325	94.9	1325—1348	0.68
1348	111.0	1348—1351	-18.53
1351	60.0	1351—1377	-0.16
1377	57.5		
年份（年）	人口水平（以 1377 年作为 100 来进行对比）	年代（年）	年平均增长率（%）
1377	100.0	1377—1400	-0.79
1400	83.3	1400—1430	-0.10
1430	80.8	1430—1450	-0.29
1450	76.2	1450—1522	0.29
1522	94.0	1522—1541	1.02
1541	112.8		

从表中所看到的年平均增长率非常清楚地显示出从 11 世纪到 13 世纪末 14 世纪初人口是呈上升发展趋势的，年平均增长率成正数。哈勒姆认为，在 1086—1200 年，英格兰东部的人口增长率达到了 40%—100%，最普遍的增长率是 66%；苏塞克斯的坎特伯雷大主教区的人口在"末日审判"（即 1086 年）后的两个世纪增加了 433%；同样，在 11—13 世纪的东密德兰地区，许多地方的人口增长率达到了 250%。[1] 诺

---

[1] H. E. Hallam, *Rural England*, 1086-1348, The Harvester Press, 1981: 39, 77, 102.

福克郡的阿克顿比彻姆（Acton Beauchamp）庄园的资料也显示了在1300 年左右，人口数量是 1086 年的 260%。① 而从 14 世纪初开始人口增长速度缓慢，随后开始下降，虽然在某一段时间内人口的年增长率有所恢复，但在经历黑死病后人口又急剧下降，且下降幅度很大，人口减少的趋势一直延续到 14 世纪末。在这一阶段，齐维·拉兹（Zvi Razi）在对黑尔斯欧文进行研究时，发现人口从 1311 年到 1315 年增长了46%，但是从 1273 年到 1347 年人口年均增长率仅 0.475%，② 这说明在1315 年以后的年增长率下降得很快，也证明了人口的下降并不是从黑死病才开始的。黑死病给人口带来了严重的灾害，以德文郡为例，教士的死亡率达到了 60%以上，而普通民众的死亡率也至少有 30%。③ 此后，虽有一些其他时疫，但危害程度却未超过黑死病。到 14 世纪末 15世纪初人口的下降依然在继续，但下降幅度有所缓解，布里德伯里（A. R. Bridbury）认为，人口的衰退主要限定在 1348 年到 1369 年，1369 年以后"衰退逐渐结束，……人口渐渐开始自我发展"④。另外一些学者认为，英格兰的人口到了 15 世纪中期才算降到谷底。⑤ 到了 15世纪末、16 世纪，人口的年增长率由负变正，人口的增长又开始恢复。理查德·斯密斯（Richard Smith）认为人口的恢复是从 1537 年开始的，

---

① Charles Ackerman, The Rural Demography of Medieval England, *Ethnohistory*, Vol. 23, No. 2 (Spring, 1976)：111.

② Zvi Razi, *Life*, *Marriage and Death in a Medieval Parish*：*Economy*, *Society and Demography in Halesowen*, 1270-1400, Cambridge University Press, 1980：30.

③ Philip Ziegler, *The Black Death*, Harper Perennial Modern Classics；Reprint, 2009：136.

④ A. R. Bridbury, *Economic Growth*：*England in the later Middle Ages*, Greenwood Press, 1962：23.

⑤ J. Hatcher, *Plague*, *Population and the English Economy*, London：Palgrave Macmillan；2nd edition, 1977：69.

当时人口年增长率达到了 0.8%。[1] 从霍林斯沃思的统计（见表2-7）也可以看出，英国人口的恢复是从15世纪末开始的，在此之前虽有一些年份的年增长率是正数，但这种正增长率仅维持了一段时间，并不能代表一种长期的趋势。

表2-7 14—15世纪英格兰人口年增长率[2]

时期（年）	年增长率（%）	时期（年）	年增长率（%）
1385—1389	-0.375	1435—1439	0.697
1390—1394	-0.439	1440—1444	-0.173
1395—1399	-0.866	1445—1449	0.349
1400—1404	0.678	1450—1454	1.097
1405—1409	-11.28	1455—1459	-0.134
1410—1414	-0.628	1460—1464	0.984
1415—1419	-0.575	1465—1469	0.117
1420—1424	-0.180	1470—1474	0.614
1425—1429	-0.044	1475—1479	1.475
1430—1434	0.697	1480—1484	1.102

三、人口的替代率（Replacement rates）

人口的增长率主要是从女性的角度来考察人口，在中世纪人口主要是依赖每个妇女所生孩子的数量，从某一角度也可以将人口的增长率理解为人口学中通常所考虑的出生率，只有出生率高于死亡率，人口才会增长。而人口的替代率则是从男性角度来分析人口，在中世纪的档案

---

[1] Richard Smith, Plagues and Peoples：The Long Demographic Cycle, 1250 - 1670, in Paul Slack and Ryk Ward（ed.），*The Peopling of Britain：The Shaping of a Human Landscape*, Oxford Unoversity Press, 200：181.

[2] T. H. Hollingsworth, *Historical Demography*, London：Hodder and Stoughton, 1969：379.

中，记录男性的信息比记录女性的信息更为全面，许多女性的信息也是依附于男性而存在的。人口的替代率，主要是指男性的替代率，用公式可以表示为：存活孩子的数量÷单亲的死亡数。当然，替代率并不是完全意义上准确的数据，因为在中世纪的英国一些数据会遗留，数据会出现一些错误，同时替代率还会受到本地区向外移民的人数和私生子人数的影响，特别是在黑死病之后私生子的人数有所上升，此外，教会对男性子嗣的吸引力，即男子加入教会的可能性也应该考虑在其中，所以替代率更倾向于是一种推测性的统计，但它的存在还是具有一定参考性的。关于中世纪的替代率可参考表2-8、表2-9和表2-10。

表2-8 从死亡调查中获得的男性替代率①

年代（年）	替代率（%）
Up to 1265	1.64
1266—1290	1.26
1291—1315	1.28
1316—1340	1.40
1341—1365	0.99
1366—1390	0.81
1391—1415	0.80
1416—1440	0.82
1441—1465	1.10
1466—1490	1.21
1491—1505	2.02

---

① John Hatcher, *Plague*, *Population and the English Economy* 1348 – 1530, London：Palgrave Macmillan；2nd edition, 1977：27.

表 2-9　1271—1349 年黑尔斯欧文的替代率①

年代（年）	男性数量（人）	替代率（%）
1271—1275	331	1.447
1280—1282	392	
1293—1295	435	1.500
1301—1305	457	1.454
1311—1315	485	0.989
1321—1315	412	1.173
1331—1335	433	1.351
1345—1349	470	1.093

表 2-10　15—16 世纪英格兰男性替代率②

时期（年）	替代率（%）	时期（年）	替代率（%）
Up to 1255	1.924	1361—1365	0.872
1256—1260	1.372	1366—1370	0.808
1261—1265	1.352	1371—1375	0.725
1266—1270	1.221	1376—1380	0.704
1271—1275	1.432	1381—1385	0.685
1276—1280	1.368	1386—1390	1.143
1281—1285	1.168	1391—1395	0.744
1286—1290	1.119	1396—1400	0.750
1291—1295	1.422	1401—1405	0.887
1296—1300	1.869	1406—1410	0.869
1301—1305	1.060	1411—1415	0.758

---

① Zvi Razi, *Life, Marriage and Death in a Medieval Parish: Economy, Society and Demography in Halesowen*, 1270-1400, Cambridge University Press, 1980：31，33.

② T. H. Hollingsworth, *Historical Demography*, London：Hodder and Stoughton, 1969：379-380.

续表

时期（年）	替代率（%）	时期（年）	替代率（%）
1306—1310	0.995	1416—1420	0.805
1311—1315	1.110	1421—1425	0.697
1316—1320	1.812	1426—1430	0.818
1321—1325	1.475	1431—1435	0.832
1326—1330	1.218	1436—1440	0.944
1331—1335	1.236	1441—1445	0.986
1336—1340	1.348	1446—1450	1.250
1341—1345	1.086	1451—1455	1.250
1346—1348	1.000	1456—1460	0.946
1349—1350	1.152	1461—1465	1.118
1351—1355	0.960	1466—1470	1.418
1356—1360	0.733	1471—1475	0.958
1476—1480	1.370	1491—1495	1.603
1481—1485	1.038	1496—1500	1.423
1486—1490	1.217		

从表2-8、表2-9和表2-10可以看出，虽然三个表格在统计时间上有一定的重合，但是在数据显示上却存有一定的差异。一是由于三者所获取的材料来源不同；二是时间段的划分不同，可能有些时间段范围长一些，所体现的数据就会模糊一些，有些时间段范围短一些，数据显得更为精确。但结合以上表格，可以发现13世纪末到14世纪早期，人口的替代率大于1，这表明人口还是在增长中，这一结论同样可以根据哈勒姆对韦斯顿（Weston）村庄中36个家庭和莫尔顿（Moulton）村庄中24个家庭的研究得出，这两者在1270年的替代率分别为1.86和2.5，如果算上教职对男性后代的吸引力，则替代率会

降至 1.6 和 2.34。① 14 世纪早期到 15 世纪末是一个人口下降的过程，大部分情况下替代率小于 1，尽管在某些年份替代率还是大于 1，但这仅是部分现象，1361 年的瘟疫似乎比第一次瘟疫更为严重，从表 2-8 中可以看出 14 世纪 60 年代的替代率相比 14 世纪 40、50 年代的替代率更低，而 1441 年到 1466 年的替代率虽大于 1，但都比较靠近 1，这表明人口的增长水平低于 13 世纪末的水平，人口甚至会出现停滞的状态。人口的恢复则出现在了 15 世纪末和 16 世纪初，从表 2-8 的 1466 年和表 2-10 的 1460 年左右可以看出，在这一时期，大部分的替代率由小于 1 变为大于 1，可见人口开始逐渐恢复。

第二节 中世纪英国人口变化的三个阶段

根据以上这三个人口学的评估标准可以将英国中世纪的人口划分为三个阶段：11—13 世纪末，为人口的上升阶段；14 世纪—15 世纪末，为人口的下降阶段；15 世纪末—16 世纪初，为人口的恢复阶段。值得强调的是，在英国全境范围内并非所有地区的人口变化都遵从这样的规律，有些地区有着自己特殊的人口发展规律，而这三个阶段的划分是从总体上而言，并非"放之英国而皆准"。

第一阶段（11—13 世纪末），整个东部英格兰、东南部英格兰、东密德兰地区（除了诺丁汉郡）、南部英格兰和西密德兰地区（除了德比郡、斯塔福德郡和伍斯特郡）的平均人口规模达到了全国的平均人口水平。在英格兰低地地区中有一个区域人口比较稠密，由东部和东南部

---

① Sylvia L. Thrupp, The Problem of Replacement - Rates in Late Medieval English Population, *The Economic History Review*, New Series, Vol. 18, No. 1, Essays in Economic History Presented to Professor M. M. Postan (1965), p. 101.

除了拉特兰郡、亨廷顿郡、伯克郡和威尔特郡组成。在 1086 年超过一半的英格兰人口居住在 13 个郡中，有将近 $\frac{1}{5}$ 的英格兰人口居住在英格兰东部的五个郡中。[1]

有一些例子可以证明 1086—1106 年的人口增长是比较迅速的，在 1106—1191 年则相对缓慢。在格洛斯特郡，1250—1280 年的增长速度与 1086—1265 年的速度相同，萨默塞特郡在 1086—1189 年人口增长速度较为迅速。在低地地区的一些地方，人口的增长也比较迅速。人口增长最迅速的是高地地区。什罗普郡在两个世纪内人口增长了两倍。

第二阶段（14—15 世纪末），在 1315—1317 年，人口出现了下降。封地持有者的死亡调查表明了 1315—1317 年人口下降的严重性，在 1313 年和 1314 年这两年间，死亡率为 58%，但在 1316 年和 1317 年这两年，死亡率分别达到了 68% 和 62%。[2] 1348 年，英国又遭遇了人口危机，黑死病首先到达的是南部沿海港口城市，到达的时间约是 1348 年的 6 月底左右，从那里开始广泛北传，在 1349 年年中，到达英格兰北部地区，关于这一时期最有力的证据来自空虚教职数量的记录——新教士去教区上任的记录，因为新教士接管教区的原因之一是之前的教士去世了。在某些地区，这一上任记录的数字惊人上涨，这表明神职人员的高死亡率。例如，在索尔兹伯里主教区，在 1348 年 6—10 月，每个月空闲教士职位为 4—5 个，在 1348 年 11 月上升到了 17 个，接下来的 3 个月有 30 个左右，在 1349 年 3 月超过了 60 个，[3] 可见人口的下降十

---

[1] H. E. Hallam (ed.), *The Agrarian History of England and Wales*, Vol. II, 1042-1350, Cambridge: Cambridge University Press, 2011: 509.

[2] Josiah C. Russell, The Preplague Population of England, *Journal of British Studies*, Vol. 5, No. 2 (May, 1966): 8.

[3] J. F. D. Shrewbury, *A History of Bubonic Plague in the British Isles*, Cambridge: Cambridge University Press, 1970: 59.

分严重。

在黑死病后，人口数量并未及时恢复。理论上讲，相对富余的土地和不断上升的生活条件应当会促进出生率，但是在 14 世纪的后 25 年，出生率并没有开始恢复，这可能基于某些方面的原因。一方面，在黑死病后，在 1361 年和 1369 年又暴发了第二、第三次瘟疫，除此以外还有许多当地的时疫，不断暴发的瘟疫使死亡率维持在一个很高的水平，从而抵消了出生率的上涨，阻止了人口的恢复。另一方面，劳动力的短缺使得相当比例的年轻妇女进入劳动力市场，因而使得初婚年龄上涨，出生率下降。

第三阶段（15 世纪末至 16 世纪初），由于稳定的政治环境和瘟疫的减少，人口开始恢复。从 1480 年开始，尽管瘟疫的周期延长，但人口的辈间替代率上涨，此外，移民的人口呈上升趋势，这些都表明了人口的再次恢复和增长。然而，人口的恢复也并非同一步调，在中世纪晚期的圣埃德蒙滋修道院，在 1480—1520 年，人口的死亡率呈下降状态，但直到 16 世纪早期，人口才呈稳步上涨的趋势，达到了瘟疫前的水平。①

人口的变化伴随着社会经济的变迁。因此，人口的阶段划分，既对中世纪英国的人口进行了梳理，同时从各阶段人口的变化中，也能发现和探索出当时英国社会的变化，因此，人口阶段的划分是研究中世纪英国的新视角。

---

① Robert S. Gottfried, Bury St. Edmunds and the Population of Late Medieval English Towns, 1270-1530, *Journal of British Studies*, Vol. 20, No. 1 (Autumn, 1980): 30.

第三章

11—13 世纪末：人口增长

将英国历史按照人口发展变化划分成几个阶段，可以反映出复杂的社会进程，也能在每一段时间内展现出社会构造的特点。11—13 世纪末是英国人口的增长阶段，这段时期人口的发展，既是因为在诺曼征服前的英国已经有了一定的人口发展基础，也是由于在这段时期内，社会与人口相互发展的推动。在这一阶段人口增长的原因与影响是呈现互动关系的，故而归纳进行统一的论述。

第一节　人口增长之原因与影响的互动体现

一、商业化的推进

商业化包含了许多的内容。在人口增长的阶段，商业化与人口存在着互动关系，具体表现在城市化、贸易化、市场化、专业化等这些方面。

11—13 世纪这一阶段，人口与城市化的互动体现在一方面城市为人口的增加提供了便利，另一方面人口又为城市的发展和扩大奠定了基础。

有关城市化的推进与发展可以从城市人口的发展来观察，《末日审判书》中有 112 处地方被认为具有城市的特征，很明显地可以看出当时的英格兰已经具有一定规模的城市人口。根据城市的规模和所记录的每个城市的佃农数量或是人口，可以得出当时最少的城市人口。根据计算，大约有 36 个城市的人口超过了 1000 人。① 《末日审判书》内容覆盖了全国，意味着在书中都保留有 1086 年的全国城市居民的相关资料。在其他资料记载中，坎特伯雷教区的人口为 6000 人左右，大大地超过了从《末日审判书》中估算的 451 个市民的数量。② 此外，还有许多原因使得在《末日审判书》中忽略了许多城市住户，由格罗斯特和温什科姆（Winchcombe）这两个地方在《末日审判书》后的 10—15 年被统计可以得出结论，1086 年对市民的估算是大大被低估了。③ 例如温彻斯特，尽管在《末日审判书》中并没有记录城市人口，但是可以根据诺曼征服前的统计来得知当时大约为 1130 户人家，到了 12 世纪早期住户数达到了 1300 户，如果乘以每户人口 4.5 的系数，加上 10% 左右的家庭超过每户的人数，那么在盎格鲁-撒克逊晚期的温彻斯特人口已经达到了 5500 人，而到了 1100 年左右，则已经达到了 6500 人左右。但在 12 世纪温彻斯特人口的估算中，似乎更接近于 1.2 万人。④ 因此，许多从"末日审判"中所得到的数据都需要往高进行估算。大城市分布的特点是比较明显的：北部和西部的城市数量较少，东盎格利亚和东南部英格兰——紧随米德兰地区是城市化程度最高的地区。从英格兰整体来看，《末日审判书》中记录了 7% 的人家是城市人口，加上有些资料的不全面和对城市人口的低估，在 1086 年的时候，英国大约有 10% 为城

---

① D. M. Palliser, The Cambridge Urban History of Britain, Vol. 1, Cambridge Universtiy Press, 2000：83.

② Brooks, Early History of the Church of Canterbury：32.

③ J. S. Moore, (ed.), Domesday Book：Gloucetershire, Chichester, 1982, Appdendix, Evasham K.

④ M. Biddle, Early Norman Winchester, in J. C. Holt, (ed.), Domesday Studies, Woodbridge, 1987：311-331.

市人口。这就意味着在《末日审判书》中有许多生活在城郊的人口被认定为茅舍农或是小农。①

城市人口的规模越大，其内在的生活就会变得越复杂。这些较大的城市为不同种类的职业人口提供了生存的环境，在各郡的首府城市中就有超过 100 个这样的例子。在一个大城市中会存在着制造奢华物品的手工工匠——武器制造者。只有大城市才会包含真正富有的商人，这些人要么交易奢华的物品（如葡萄酒），要么就进行远距离大宗货物交易，例如将羊毛运送到弗兰德尔。小城市则充满着手工工匠和小商人，他们在有限的距离内交易着相对便宜的货物或日常用品。

正是由于城市具有如此多的优越性，吸引越来越多的人口到来，而城市人口的增加也促进了城市的发展。伦敦拥有最大的腹地，移民来自比较远的地方，通常从东密德兰和东盎格利亚而来，距离超过了 50 英里，甚至更远的地方。大城市通常会吸引超过 20 英里以外的人口到来。埃克塞特（Exter），尽管它没有特别大的城市规模，却吸引了一半的人口从 20 英里以内的地方到来，其中有 27% 的人口来自距 20—40 英里的地方。小城市则吸引了许多来自 20 英里以内，更多的是来自 10 英里以内的人群。

城市吸引了大量的年轻人，也包括很大比例的女性，她们通常会移民去往别的地区的城市，很多女性在城市成为仆人。例如约翰的女儿依米丁娜、儿子罗伯特，都来自林肯郡的莫尔顿（Moulton），在 1268 年前的某一时间从 20 英里外的地方来到了斯塔福德（Stamford）。依米丁娜的父亲非常富有，拥有一块大约 22 英亩的份地，但她的两个兄弟在土地的继承上有优先权，使得她无权继承。她的家庭是农奴家庭，所以依米丁娜在离开领主斯伯丁修道院时，需要得到领主的同意。她为离开

---

① C. Dyer, *Everyday Life in Medieval England*, London, 1994: 241-255.

家乡去往大城市付出了极大的努力。在此之前，她可能有朋友或亲戚先去往了斯塔福德（Stamford），帮助她能在过去后很快找到工作。来到大城市的优势是可以获得更多的工作机会，既可以在别人家里当仆人，也可以在纺织工坊中工作。

进入新城市的人口有许多不同的类型。租赁土地使用权的租户有时是有一定经济基础的年轻农村妇女，成年男子也有足够的资金搭建房屋，或是当铁匠、皮革工来谋生，他们也有足够的能力来进行自己的贸易。例如，哈东（Hatton）的亚历山大，他在 1251 年出现在斯特拉福德（Stratford on Avon）新建立城市的记录中，仅在这座城市建立 55 年后，他就来到了这里。他和他的父亲都从斯特拉福德（Stratford on Avon）而来，距离新到的城市不过 4 英里。亚历山大的家庭在哈东（Hatton）有大约一威尔格特的份地，而农奴的身份又为其移民提供了一个充足的理由。在斯特拉福德（Stratford on Avon），亚历山大一家又开始了他们新的生活。到了 1251 年，亚历山大所获得的财富已经高于平均水平。而他的儿子在 30 年以后，或许更晚一点获得了更多的财富，同时也加入了这个城市的精英阶层，成为行政官，见证了周围的邻居们财富发展。另一类相对富裕的从一个城市移居到另一个城市的人口，他们可能拥有技术或是财富，可能是一个手工工匠或是商人，为的是在新的城市寻求更好的生活。通常这些人到达新城市是为了寻找更高的社会地位。事实上，有很大一部分在伦敦或是首府城市的移民来到小城市，这些人从主要的中心地带有时迁往有集市的城镇，他们希望在小的地区可以扮演更为重要的角色，或是因为他们很难应对来自大城市的竞争，或者他们的迁移是由于婚姻或商业的原因。

其他的一些移民团体可能是受到了政治事件的影响，例如在 1066 年以后，法国的殖民者移入了英国的城市。最容易辨别的团体，是犹太人，通常他们都来自法国鲁昂。他们在许多城镇居住了下来，在林肯郡和约克郡都形成了非常强大的团体，到了 1200 年，英国的犹太人口已经超过了 5000 人。

城镇对于教士、医生、管理者和律师都具有很大的吸引力。教士在城市建立早期是为许多的教区教堂服务的，所以在 13 世纪在城市增加了很多的修道院和互助会，专职教士成为一个团体。到 1300 年，城市中有 $\frac{1}{20}$ 的居住者是教徒，他们中有许多是移民。他们主要的经济贡献是作为消费者和财富的重新分配者，在城市中花费金钱来购买东西。他们更为直接的贡献是促进了教堂土地的发展，使教堂拥有更多的土地。同样他们为市民提供了受教育的机会，帮助广大市民书写契约文字和债票。如果当地教堂能成为朝圣的中心，那么城市本身也会变得更加重要。还有一些富裕的移民来到了城市。这些有土地的乡绅并不是为了城市的房产而来，只是为了找到适合他们的职业或者是把城市作为做买卖的基地，例如伦敦的一些商业巨头就是如此，因此他们不会长期住在一个城市。但有时也存在一些长期固定居住在一个城市的人口，例如 1290 年居住在约克的约翰·桑普顿骑士，他就长期居住于约克郡。其他的一些成功商人不止在一个城市中心拥有房产和生意。

然而，迁入一个城市其实是十分冒险的。一些新移民据点的建立也会遭遇失败，一些移民希望能够迁入坎伯兰郡的斯金伯纳斯（Skinburness），但后来发现那里没有足够数量的人让城市进行正常运转，所以他们不得不又向外移民。并不是所有的大城市都在扩张，例如温彻斯特在 14 世纪早期的规模比 12 世纪时还要小。其中一个规模缩小的原因是伦敦在 12 世纪成为了英格兰的首都，而此前温彻斯特与伦敦是竞争对手，伦敦成为首都后王室的关注点集中在其身上，另一个原因是其他对手实力的崛起，例如索尔兹伯里在 1219 年的时候建立。在英格兰和苏格兰边境的城市规模受到限制，是因为从 1290 年开始遭受战争。犹太人迁入英国城市也遭遇挑战。犹太人在英国遭受歧视，部分原因是宗教和文化的差异，但主要原因是在王室保护下放债者的身份而受到其他英国人的仇恨，因为犹太人获得了当时英国一定程度上的经济控制权。犹太人团体经历了周期性的迫害，最野蛮的是在 1190 年约克郡所遭受的迫害。一个世纪以后，整个中世纪犹太人居住区伴随着爱德华一世的迫害而缩小，且犹太人也遭到了驱逐。

但是许多移民留在数百个城市在一定程度上都获得了成功。在许多城市中人口有了总体的增长，英国的大城市在 1086 年有一两千个居民，而到 1300 年则达到了 5000 人以上，在 12 世纪和 13 世纪，有些城市排入了人口前 50 名——纽卡斯尔、赫尔、林恩、波士顿和索尔兹伯里都在人口持续增长的阶段获得了城市成功的发展。所有的城市都需要移民，即使是在那些发展不太迅速的城市，因为城市家庭儿童到成年阶段后增长的人口比较少。城市化的发展伴随着城市人口的增加，城市人口的增加一方面使得英国经济有了大量新鲜血液，劳动力的增加必定会带来新发展；另一方面，"城市的空气使人自由"也让大量来自农村人口的生活和生产条件得到了改善，他们可以发挥自己的特长，在新的环境中进行劳动与创造。

这一阶段人口与贸易化、市场化、专业化也有明显的互动关系。英国中世纪城市人口比例在"末日审判"后的两个世纪（即 12、13 世纪）内有了长远的增长，城市人口从占总人口的 10% 增长到了 1300 年的 15%，甚至是 20%。无论 12、13 世纪的经济商业化是由人口增长所引起的，还是商业化本身作为一个关键因素所促成的，总之，商业化作为积极的因素在发挥作用。其结果是，当人口在 1348 年以后恢复到之前的水平时，商业化和消费主义的发展始终保持强劲。在 1086 年的时候，许多货物的转手并不是由于传统的血缘关系、邻里关系或是处于同一个共同体，而是由于市场的规则。而当时市场规则的形成是受到人们鼓励的，特别是专业的工匠和贸易者们。许多家庭如果仅仅依靠他们土地上的收入，只能提供小范围的产品。而事实上市场上存在着大量的客户，这一实际情况导致贸易成为一项独立的活动，促使了贸易客观规则的产生。同样在 1086 年，比较大的郡首府城市如诺维奇、约克、温彻斯特和林肯，这些城市的人口都超过了 5000 人。① 而这些比较大的城市中的人口，有很多人被城市外的农业主所雇佣，这种以市场为导向的雇佣方式在小城市也同样很流行。

市场和集市是一个潜在的收入来源，经营它们可以获得利润，可以进行大量的交易，同样被用来征税，领主通常可以从市场和集市的贸易活动中获得钱财。但在 11 世纪到 12 世纪的时候，市场和集市还只是法律上的概念，其定义仍不是十分明确。市场和集市在法律上明确规定的形成是在 13 世纪，即国王有权废止没有执照的经营，领主有权将他们的邻居送上法庭来终止他们与邻居敌对的关系等等。由于国王和领主拥有了这样的权力，集市和市场的一系列实践和概念上的发展必然会发生。对于正式贸易而言，最基本的基础是见面交易的地点，设立这样的地点有利于降低买卖双方的交易成本，也可将他们见面的时间和次数做一个明确的规定。

由于市场和集市在领主的控制范围内，领主需要保护农村地区可能获得的收益，而农村的利益也限制了进行交易的正式地点。领主们畏惧市场组织的成倍增长会使现存的市场价值降低。在达谟享有王权的贵族领主，当地主教可以通过自己的权力来阻止与他竞争的市场。在 13 世纪 20 年代晚期，有证据表明，除了主教的集市或市场，在泰恩和蒂

---

① Richard H. Britnell, *The Commercialisation of English Society*, 1000－1500, Cambridge University Press, 1996：8.

斯之间没有其他任何的集市和市场。①

商业居民的增长是从史前时期以来人口增长的一个普遍体现。但是在王室、贵族、骑士和僧侣及教士平均分配的土地中，领主不可避免地会卷入到城市化的进程中。诺曼征服前的英国很少被具体定义的规则来控制贸易。但在 11 世纪和 12 世纪，国家对贸易的标准一直都存在，个体的贸易促进了城市内部的统一，这可以用来解释在 1175 年的约克所存在的"官方的评判"这样的说法。② 即便有国家统一标准，但不同城市仍有不同的具体标准，因此国王将国家划分成不同的管理区域。在 1174 年，国王的官员记录了很多用"诺维奇标准"和"阿宾顿标准"来衡量的小麦。

英国商业在 12 世纪的最后十年增长迅速，这可能部分是因为英国的羊毛、呢布和锡海外贸易的人口扩张。③ 同样也可能是因为其他人口的增长，如新农业土地向森林和沼泽的拓展而增加的原因以及无地人口的增加去寻找工作的原因。④ 许多的家庭变得依赖于市场经济，有时需要从不同的村庄来寻找他们服务的对象。⑤

人们对商业的依赖鼓励了创新。这一点最为人所熟知的例子是毛料的制作。英国布料的制作在中世纪晚期受到了海外竞争，加工技术的发展使布料在国内市场变得更便宜。但是本地的专业化创造了新的商业化链条，如科尔切斯特的土布。在 1180 年以后，便宜的布料需要通过水

---

① Richard H. Britnell, *The Commercialisation of English Society*, 1000–1500, Cambridge University Press, 1996：22.

② 转引自 Richard H. Britnell, *The Commercialisation of English Society*, 1000–1500, Cambridge University Press, 1996 中的 PR, 21Henry II：180。

③ E. M. Carus-Wilson, Medieval Merchant Venturers, 2nd edn (London, 1967)：211.

④ Miller and Hatcher, Medieval England：28.

⑤ J. A. Raftis, *Warboys: Two Hundred Years in the Life of an English Medieval Village*, PIMSST, XXIX (Tronto, 1974)：210.

力漂洗，这使得水力磨坊的数量越来越多。① 从 12 世纪晚期开始，对铁器的需求使得地区专业化程度提升和职业种类变得更多样化。在约克，盔甲和刀剑的市场非常大，从而在制作时可以进行专业化分工，尽管在不同环节的技术之间没有足够严格的界限。② 在 13 世纪的社会中职业种类如此之多，因此形成了新的社会经济环境。人们寻找新生活的能力可以用来解释为什么说人口和社会之间存在着一定的关联。

由于人口的增加，商业活动的组织框架也发生了改变。领主积极地去寻找新的市场和集市。从诺福克在 13 世纪所获得的 62 个新许可证便可以看出这点。③ 新市场在规模和潜力上都得到了很大的提升。许多小型市场仅是为了一些日常的家庭贸易而存在，但是即使是在小型市场，领主们也会为工匠和贸易者建立专门的据点。④

12—13 世纪，由于家庭人口的增长农民并不能从自己的土地中获得足够的粮食。除了一些特定的地方，在这些地方土壤的产量和耕作技术有别于其他区域可以在一定程度上满足人口需求。土地的细分和人口的增加使得新的就业机会成为可能。一种选择是半雇佣式的依靠贸易的就业，这些从 1180 年到 1330 年英国城市和市场的增加以及职业的多样化中便可以看出。至少在 1180—1260 年，新的城市市场有效合并扩大了旧的市场，使得农村的工匠种类多样化，也提高了在农村外就业的机会，而不仅仅只体现出了人口的增加。⑤

---

① E. M. Carus-Wilson, Medieval Merchant Venturers, 2nd edn (London, 1967): 183.

② J. L. Bolton, The Medieval English Economy, 1150-1500, (London, 1980): 163-164.

③ R. H. Britnell, "The Proliferation of Market in England, 1200-1349", Economic History Review, 2nd ser., 34 (1981): 210.

④ R. H. Britnell, "Burghal Characteristics of Market Towns in Medieval England", new ser., 42 (1981): 147-151.

⑤ K. G. Persson, Pre - Industrial Economic Growth: Social Organization and Thechnical Progress in Europe (Oxford, 1988): 73.

　　另一个人口增加的结果是全职工人的工资与其他类型的工人工资差异变大。领主继续用份地作为连接那些永久雇佣关系的纽带，被雇佣者通常使用劳役来交纳捐税，但是人口的增加产生了剩余劳动力，许多人倾向于雇佣固定工资的工人。全职的仆人也同样用工资来支付劳动，这对于获得份地上稳定收入分配的人、谷物的耕种者和马车夫来说是很普遍的，但他们获得的现金总数很少超过他们总体工资的$\frac{1}{5}$。许多临时工作，通常取代劳役工作，是给予他们现金的报酬。牛津郡的库克斯汉姆（Cuxham）在 1296—1297 年，全职工人收入为 12 先令 6 便士的现金，而其他非全职工人则获得了 5 英镑。[①] 在规模较大的庄园中，工资的数量应该大大超过这个数字，尤其是在很少或没有劳役的地方，例如修道院的农庄。在彼得伯格修道院的比金（Biggin）农庄，在 1310 年永久份地的附庸收入为 6 英镑 3 先令 9 便士，而其他工人的现金收入则达到20 英镑 3 先令 6 便士。[②]

　　人口的增加与农业技术的更新息息相关。根据波斯坦"中世纪农业技术的惰性是非常明显的"[③] 观点，由此可以看出中世纪农业体系中可耕地和放牧区是更倾向竞争关系而非互补关系。如同 J. Z. 蒂托所观察的"一个长期施肥下的状态……可以用来解释温彻斯特庄园普遍的低产量"，因此庄园产出水平甚至比农民的份地还要低，大多数人同意波斯坦的观点，即"我们不能指望村庄每英亩的产出能与相同地区经营良好的领地相同"。[④] 但是当时低地国家的农业水平比想象中要好，

---

① Richard H. Britnell, *The Commercialisation of English Society*, 1000 – 1500, Cambridge University Press, 1996：104.

② T. A. M. Bishop, "Monastic Grange in Yorkshire", *Economic History Review*, 51 (1936)：206.

③ M. M. Postan, The Medieval Economy and Society (1972)：44.

④ J. Z. Titow, Winchester Yields：A Study in Medieval Agricultural Productivity (Cambridge, 1972)：30.

这归因于耕种体系的改革，这种变化是将每英亩的高产出与进行休耕的实际相结合。① 迄今为止，大多学者都认为英国的农业在 17 世纪和 18 世纪 "农业革命" 以前都落后于低地国家，② 但是，也有足够证据表明在 13 世纪和 14 世纪英国某些严格管理地区的农业与当时最好的欧洲大陆国家的农业水平齐平。

在中世纪，能证明英国农业进步比较明显的证据来自东诺福克郡的农业状况。该地区最明显的特征是它的人口水平，可能从 11 世纪晚期开始就是全国人口水平最高的地区。在这一地区有着比较自由和松散的社会结构，使人口发展没有太多束缚，这无疑促成了人口的高密度，以及孕育出的比较先进的经济发展状态。最早记录完全消除休耕的例子是在 1268—1269 年南部沃尔沙姆的诺福克伯爵领地，同样也可以从诺福克伯爵在哈沃凯特和汉沃思的领地上发现。③ 按照现代的标准，这些领地上粮食作物的产量，尤其小麦是非常高的，特别是在进行休耕时如此高产量非常少见。

大规模的豆类种植也是技术革新中最为突出的一点，这使得东诺福克郡能够维持农业的高密度耕种和高产量。种植豆类主要有两项功能，一是提高土壤的含氮量，二是提供富有蛋白质的饲料。在 13 世纪 40 年代，豆类已经是比较重要的农作物了，它大约占据了霍尔姆的圣贝内特修道院 11 块领地全部播种面积的 9%。后来霍尔姆的圣贝内特修道院在豆类产量规模和种植强度上都有了很大的提升。13 世纪 70 年代和 80

---

① B. H. Slicher Van Bath, The Agrarian History of Western Europe, A. D. 500 – 1850, 1963：177–180.

② G. E. Fussell, "Low Countries" Influence on English Farming, *English History Review*, 74, (1959)：611.

③ Bruce M. S. Campbell, Agricultural Progress in Medieval England：Some Evidence from Eastern Norfolk, *The Economic History Review*, New Series, Vol. 36, No. 1 (Feb., 1983)：42.

年代，这些增长尤其突出。

　　豆类种植面积的扩大带来的一个重要影响是永久性和临时性牧场的减少，特别是提高了牲畜饲养中农家肥料的重要性。豆类种植导致了农家庭院饲养供给机制的完善，农民可以系统化地进行农家肥的洒播、对土地进行耕种，减少了由于休耕使得牲畜随意放养而导致的饲料的溢出和氧化。① 这种饲养方式的传播导致了劳动成本的增加，但是劳动力价格低廉和谷物价格高的时候，此种方式还是很具经济价值的。但是，仅靠农家肥料，很难满足可耕地的需要，这也使得其他饲料成为肥沃土壤的来源。泥灰土的使用是当时是最为普遍和广泛的。最早的相关记录可追溯到 1263—1264 年的玛斯姆，在 1265 年的哈姆斯贝（Hemsby）、普林斯迪（Plumstead）、汉沃思和萨费得（Suffield）的记录中也有了记载，另外两个地方也记录下了泥灰土的使用。② 泥灰土绝不是这一地区使土壤肥沃的唯一辅助方式。例如，在卡顿（Catton）的领地上和僧侣的田庄上，在伊顿（Eaton）、雷肯汉姆（Lakenham）、牛顿（Newton）和普林斯迪（Plumstead），这些地方都位于人口稠密的诺维奇市 5 英里的范围内，在 13 世纪下半叶和 14 世纪上半叶，对粪便的需求已成为其常规的花费项目。③ 在其他地方，一些领地使用外部供应的有机肥料来满足自身的需要。

　　其他劳动力方面，在 13 世纪中期，圣贝内特修道院的一些领地已经使用相当数量的马匹来进行工作。在 13 世纪末，几乎每一个领地至

---

① W. O. Ault, Open-Field Farming in Medieval England: A Study of Village By-Laws (1972): 17.
② Bruce M. S. Campbell, Agricultural Progress in Medieval England: Some Evidence from Eastern Norfolk, *The Economic History Review*, New Series, Vol. 36, No. 1 (Feb., 1983): 31.
③ Bruce M. S. Campbell, Agricultural Progress in Medieval England: Some Evidence from Eastern Norfolk, *The Economic History Review*, New Series, Vol. 36, No. 1 (Feb., 1983): 37.

少有两匹马。①

　　农民的份地上也已经使用了许多的技术。在阿克莱（Acle）的相关资料中，农民在科提肖（Coltishall）和海文汉姆（Hevingham）购买饲料来补偿佃农们因非法挖掘泥灰土使得马匹损耗所造成的损失，这也表明了农民对寻找使土壤肥沃的用于马力的辅助饲料是非常积极的。尽管这些耕种者拥有的土地很少——他们主要依靠铁锹来耕种，但至少他们中的一些人会使用马力。所以，在 1272—1273 年的记录中可以发现，阿克莱（Acle）的诺福克伯爵的沼泽地有 34 匹马在放牧。②

　　事实上，东盎格利亚第一个成功放弃了休耕的地区比欧洲大陆早50 多年，可以确定的是在 13 世纪最后的 15 年放弃休耕。更重要的是，类似的证据不仅仅局限于诺福克郡，还涉及了其他的地区。

　　13 世纪和 14 世纪的农业发展是不断提升和多产的。首先，东诺福克郡的例子表明 13 世纪晚期，英国农业总产出孕含一定的技术实力。地力的损耗并不是密集耕种的产物，种植和放牧也不是唯一竞争的关系，它们也可以是相互辅助的关系。A. H. 约翰观察到，"对于种地的农民……影响他们通向伦敦和国外市场的重要因素是如何适应新的技术。因为地理上的、经济上的或是制度上的因素是很难满足的"③。

　　此外，学者格雷提出的"密德兰体系"也非常值得关注：该体系被认为是土地制度变革过程中的最终阶段；在中世纪后期也是最多被使

---

①　Bruce M. S. Campbell, Agricultural Progress in Medieval England: Some Evidence from Eastern Norfolk, *The Economic History Review*, New Series, Vol. 36, No. 1 (Feb., 1983): 340.

②　Bruce M. S. Campbell, Agricultural Progress in Medieval England: Some Evidence from Eastern Norfolk, *The Economic History Review*, New Series, Vol. 36, No. 1 (Feb., 1983): 42.

③　A. H. John, "The Course of Agricultural Change, 1660-1760" in Essays in Agrarian History I, Newton Abbot, 1968: 249.

用和记录最全的体系。它主要有四个特点：第一，它的小块土地或条田是不设围栏的，可以相互联合在一起，这些土地或条田连结在一起长度通常称为弗隆（英国长度单位，大约是两头牛并排向前犁地且无需休息的距离）——有时弗隆也作为谷物种植单位，弗隆被一次划分为两个或三个部分，称为"区域"；第二，每一年一个区域都要进行休耕，允许耕种者们在上面放养动物；第三，可以让平民百姓到边缘地区开垦荒地；第四，所有关于农业的活动都由庄园法庭进行规范。

其他土地制度大部分也是将可耕地划分为条田，然后在一定程度上进行共同管理。但是将可耕地划分为两到三个相等区域，但用其中的一个区域来进行共同放牧是不常见的。对放牧进行严格的管理可能是因为牧场资源的缺乏，也可能是防止牲畜对其他可耕地的侵占。[1] 其他学者认为以上这样的土地制度代表着早期实践的合理化，并且在没有人口压力的情况下可以完成。[2] 但还有一些种类的土地制度可以大规模的共同参与，反映了当时大量的荒地和牧场可用于放牧。在一些地区，如德文郡东部，没有土地用于休耕，也没有未种谷物的土地用于放牧。在其他地区，如林肯郡的沼泽地和肯特郡，共同的权利扩展到了可以在荒地上放牧和在可耕地上进行谷物种植。[3] 这些"规则之外的"体系出现在密德兰区域的边缘地区，且呈带状分布在赫特福德郡、德比郡和诺丁汉郡有较高比例牧场和森林的地区。

瑟斯克认为，密德兰体系最晚在 13 世纪由于人口增加的压力发生了变化。由于个人拥有和耕种份地，而这些份地通过继承来划分变得很难发展，因此合作成为有效开发农民份地的方式，这样的合作开发方式

[1] J. Thirsk, "The Common fields", *Past and Present* 29：3.

[2] B. M. S. Campbell, Commonfield origins – the regional dimension. In T. Dowley (ed.), The origins of Open-field Agriculture. London, 1981b：119.

[3] B. M. S. Campbell, Commonfield origins – the regional dimension. In T. Dowley (ed.), The origins of Open-field Agriculture. London, 1981b：114-115.

也逐渐被接受。福克斯认为"共同体系"的到来是在撒克逊时期晚期，而瑟斯克认为是在13世纪。但根据考古证据表明合作开发核心聚居的早期时间，以及土地的再组织在有些地方从9世纪就开始发生了。① 因此，"共同体系"在中世纪的英国可能很早就存在。

二、土地的开垦

12、13世纪在英国全国范围内兴起了新定居者和土地垦殖的浪潮，此浪潮的扩展与当时可用的荒地直接相关。在原住民居住的地区，新耕种者们在原住民村庄周围，从牧草、森林和灌木丛中清理出了小块垦殖的土地，例如东盎格利亚北部的淤泥和沼泽地以及肯特和霍德尼斯的沼泽地区，都在逐步地进行垦殖。波斯坦认为奇尔特恩（Chilterns）和布雷克兰（Breckland）两地的荒野都被用来进行垦殖了。在英格兰北部和西部更为遥远的、险峻的和一般无法到达的地区，垦殖的情况更为壮观：在达特穆尔高原、奔宁山脉和湖泊地区许多新居住地被考古发现，这些地方的地名揭示了它们的来源。但是这种"人口与土地"模式的关键是，新井垦的土地是否具有肥力。开垦的土地并非像所想象的那样富饶，仍有许多部分是贫瘠的，但是人口的增长又迫使着人们流向不太富饶的地区。如果没有技术的跟进，那么开垦土地的耕种只能维持很短的一段时间，在此以后地力将被耗尽。波斯坦和蒂托在著作中明确提出了在13世纪英格兰新开垦的土地很快就地力下降，从而导致土地产量减少。② 根据李嘉图的理论，质量最优的土地将会被首先用尽，然后开垦四周比较富饶的边际土地，最后开垦更为边远的土地。但波斯坦观察

① Grenville Astill and Annie Grant（eds.）, *The Countryside of Medieval England*, Basil Blackwell, 1988: 69.

② Postan, Agrarian Society in its Prime: 556 – 558; Postan, Medieval Economy and Society, pp. 23-26; J. Z. Titow, English Rural Society, 1200-1350（1969）: 93-95.

到，在有些新开垦的土地上，如果对荒废的土地再利用，所需要花费的金额更为高昂（包括人力和肥料）。因为之前土地被耕种后，它的肥力已不如那些原先比较贫瘠的土地了。[1] 同样波斯坦根据边远土地的开垦情况认为，这是人口过剩的表现，是土地消耗过快加速了边远土地的开垦。

有关11—13世纪英国土地开垦的状况，哈勒姆分为八个地区来进行考察[2]。在英格兰的东部地区，1189年的特伦托河边地势较低的斯霍姆（Axholme）已经有了开垦活动。东部地区的三个小区域存在着被开垦的事实，分别是：在凯斯蒂文（Kesteven），开垦一直持续到13世纪中叶；在伯恩西部的森林，在1240年和1252年进行了开垦；在1234年，林肯郡的边缘地带和威瑟姆的沼泽地区之间也被进行了拓荒。在诺维奇郡北部地区的黏土地带存在三处被开垦地，在诺福克郡的中部地区有六处被开垦地，其中有一处一直被开垦到了1260年左右。在1086年后，诺福克郡的沼泽地区和维根霍尔斯（Wiggenhalls）土地被开垦的范围和林肯郡的沼泽地一样宽广。在1181年以前，土地被开垦很少，但在1223年波迪克地区的乡村地区被开垦的地区明显扩张。事实上，在1199—1216年波迪克地区已经有了一些新的侵吞公产的现象了。在1186年以前，海边地带已经被开垦了，分为八块新的土地。在1250年又多了两块新土地。从这些土地的开垦情况可以看出，东部的英格兰在11—13世纪人口增长，但也有一些特例的存在，例如在林肯郡的彼得

---

① Postan, Agrarian Society in its Prime：557–558.

② 以下所论述的数据来自 H. E. Hallam（ed.）, *The Agrarian History of England and Wales*, *Vol. 2*, 1042 – 1350. Cambridge University Press, 1988; H. E. Hallam, *Rural England*, *1066 – 1348*, 1981; M. M. Postan, *The Medieval Economy and Society: An Economic History of Britain in the Middle Ages*, Penguin Books, 1972; Nathaniel J. Hone, *The Manor and Manorial Records*, Methuen & CO. LTD, 1925; Grenville Astill and Annie Grant（eds.）, *The Countryside of Medieval England*, Basil Blackwell, 1988。

伯格修道院地产上人口在"末日审判"以后的 40 年间是下降的，但这种情况也只是少数。在 1086—1200 年的东部英格兰，人口增长了 40%—100%，最普遍使用的增长数据是 66%。在沼泽地区的人口增长比较明显，这与土地的开垦的情况是一致的。在林肯郡的淤积地区，人口在 1086 年以后的两个世纪内增长了 6—10 倍。在剑桥郡、诺福克郡和萨福克郡，沼泽地和布罗德兰修道院的人口增长也十分迅速。

在英格兰北部丘陵地带，在 1198 年博克斯利（Boxley）修道院和格里高利修道院开始垦荒，而坎特伯雷修道院则在 1213—1214 年及 1238 年存在垦荒的活动。在一些绿石砂地区也存在着被开垦的现象。最大规模的开垦发生在肯特郡的沼泽地区，这些沼泽地区又划分为北部、东部和南部沼泽地带。在 1230—1240 年，普林斯迪地区也存在着开垦运动。在肯特郡三处沼泽地附近的村庄记录有垦荒运动。在萨尼特岛的记录中记载着，圣格里高利修道院在 1219 年开垦和耕种了 50 英亩的土地。坎特伯雷主教修道院在 1291—1292 年和 1317—1318 年在其庄园中有筑堤、开拓沟渠和修制木质排水沟的活动。在 1162—1500 年，肯特郡的人们开挖了沟渠。佩文西（Pevensey）地区在 1220 年以前就已经存在精心挖掘沟渠的迹象了，实际开垦的活动则在 1250—1275 年。1250 年以前，苏塞克斯郡的人们已经开垦了芒特尼地区的大部分地区。

东密德兰地区的人口扩张是有据可循的，在 1086 年以后，北安普顿郡的人门增长速度十分快速，且在亨利一世和史蒂芬国王时期没有证据表明当时的人口是停滞的。有数据表明亨廷顿郡沼泽地边缘的庄园在 135 年间人口增长了 350%，但在 1221—1251 年人口增长速度稍有减缓。1086—1300 年，贝德福德郡的奇尔屯人口增长了 450%；在同一时间段，白金汉郡林地的人口增长了 325%。东密德兰地区 201 个庄园的人口发展可划分为五个时间段来看，分别为 1086—1142 年、1086—1244 年、1086—1279 年、1086—1280 年、1086—1312 年。五个时间段人口的增长分别为 161%、273%、262%、212%、255%。同时，这些庄园在 1280—1312 年人口增长迅速，在 1244—1280 年稍减，在 1280—1312 年又重新开始增长。

东密德兰地区，在靠近诺丁汉郡的舍伍德地区，许多土地被开垦的时间比较晚，对森林最早的开荒是在 12 世纪晚期。在 1251 年、1266 年、1288 年和 1291 年，三个庄园对林地进行了开垦。在 1292—1297 年，图科斯福德（Tuxford）的众多人口参与到了垦荒运动中。舍伍德地区是开垦比较晚的地方，但有一些地方则开垦得比较早，例如在 1150—1189 年，特伦托河低地地区有两个由于新开垦而形成的村庄。在南斯卡乐（South Scarle）地区，在 1225—1231 年，平均每英亩土地的开垦需要 25 个持有 1 玻菲特（英国旧时的土地面积单位，相当于 $\frac{1}{8}$ 卡勒凯特①）土地的人，而这是在开垦过程中非常普遍的例子。西多会修道院在罗金汉姆森林为了挖掘管道井而开垦的荒地面积是十分巨大的，在 1169—1209 年，开垦土地总数达到了 13400 英亩。到 13 世纪开垦数变得越来越小，1275 年为 24 英亩，1315 年则只有 5 英亩。在 1253 年，彼得伯格修道院的僧侣们有权在罗金汉姆森林饲养牲畜和运输木材，也有权利授予和转让他们所开垦的土地。奥斯内修道院在 1187—1189 年从托弗河谷附近新开垦的林地收取了什一税。尼利河谷附近的大部分土地开垦比较晚，但其中的一些土地开垦范围非常广泛。在 1253 年，彼得伯格修道院的僧侣们在昂德尔有 400 英亩的开垦地，在 1155—1260 年，靠近沼泽地区的林地被广泛开垦，另有两个庄园在 1220 年和 1289—1340 年间开垦了林地。

英国在 12 世纪晚期和 13 世纪早期又再次进行了土地的开垦，主要

---

① 上勒凯特（Carucate）：旧时英国的土地丈量和估税单位，约合 100 英亩，但常据土质不同而略有增减。

在 1160—1250 年的亨廷顿郡的大块林地进行。在贝德福德郡的布希米德修道院在亨廷顿郡有几块地产被开垦的时间比较晚。亨廷顿郡最晚的土地开垦在 1265 年，开垦后并达成了一个重要协议，即劳动力减少在公共土地上的耕种。亨廷顿郡的沼泽地是黑土地或是泥炭地，因此比淤积地和诺福克郡的沼泽地更难以挖掘，在淤积地上土地开垦的面积并没有那么广泛，主要集中在沼泽地边缘和岛屿附近。12 世纪和 13 世纪开垦的大部分土地都集中在黏土淡水河谷。其中有一些在 12 世纪被开垦，另一些则在 1123—1130 年被开垦。1150 年到 1200 年，在一个小村庄有 30 个农民自己开垦了 350 英亩土地。奇特恩斯山的两个村庄，在 12 世纪早期进行了土地开垦。1274 年，在大乌斯河附近进行了开垦。

在 12 世纪和 13 世纪，贝德福德郡的许多教堂都对土地开垦非常感兴趣。在 1240 年左右，莱顿·布扎尔德地区的土地开垦依然非常活跃。贝德福德郡南部的老沃登修道院是土地开垦的一个中心。在贝德福德郡，邓斯特布尔修道院同样也存在着开垦活动。在 1200—1227 年，该修道院开垦活动依旧非常活跃。贝德福德郡的司徒汉修道院在 1170—1230 年也在进行着全面开垦的活动。1300 年，紧挨着邓斯特布尔庄园的土地也表现出土地开垦的迹象。纽因特北部黏土地带的僧侣们也同样有着土地开垦的需要，在 1311 年他们同意格雷的约翰先生和他的手下来开垦土地。在 1263 年、1292 年，这些开垦者们集中于新泥灰土的开垦。

米登森附近，在 1161 年进行过土地开垦，在 1234—1252 年，佃农在这里也开垦过。在贝德福德郡西部远郊地区，1152—1153 年有过土地开垦。在 1199 年、1205 年（开垦了 412 英亩土地）、1213 年和 1229 年贝德福德郡有过土地被开垦的记录。在 1110 年在泰晤士河边的北部地区，许多的土地持有者开垦土地。1206 年以后，科恩河谷又有过一些开垦的活动。在 1280 年的百户区案卷中，只有 4 个百户区是白金汉郡的，这些表明在这个郡中有土地被开垦的情况。整个东密德兰地区的土地开垦范围不是十分广泛，白金汉郡土地开垦的范围最终在 1279 年被确立，而赫德福德郡在 1200—1225 年土地的开垦还十分活跃。在 12—13 世纪的贝德福德郡的森林和沼泽地中，土地开垦数量巨大，从北部一直扩展到南部，并且到 1240 年土地开垦也没有结束。

在南部英格兰，汉普郡和怀特岛在 1086 年到 1350 年的人口增长非常迅速。伯克郡、威尔特郡、多塞特郡和萨默塞特郡，人口的增长也同样十分快速。萨默塞特郡拥有森林土地和沼泽地的数量也在持续增长，但与其他地区相比增速较缓。伯克郡许多被开垦的土地集中在肯尼特-洛登河谷和泰晤士河谷附近，但在 13 世纪晚期只有一些小型的开垦活动。在 12 世纪早期，在贝格莱和库姆诺森林的丘陵地带有土地开垦的活动。到 13 世纪，垦荒活动就已经延伸到白马谷附近，白马谷地处伯克郡遥远的西南之角，是主要的丘陵地带。在汉普郡广阔的森林地区也存在着大量的土地开垦，许多僧侣在这里进行开垦活动。11 世纪到 13 世纪，威尔特郡有三次开垦活动。

在 1066—1087 年泰晤士河谷，靠近克莱德地区有过两次开垦活动。1179 年，艾斯博瑞修道院修女在索尔兹伯里的埃文河附近进行开垦活动。马姆斯伯里修道院开垦的许多土地位于威尔特郡的西北部，主要开垦时间从 1262 年到 1297 年。1189 年，在靠近切本哈姆的格拉斯通伯里修道院有过一些小型开垦活动，且并不排除是非法开垦。而其他一些合法的开垦，开垦者仅需交纳很低的租金，并把开垦得来的土地划分成一块块土地来让佃农持有。威尔特郡的格拉斯通伯里修道院在 1297 年也进行了开垦。此外，在萨默塞特郡南部地区，从 1235 年到 1237 年，巴斯和威尔斯主教允许邻居开垦 103 英亩的土地，作为开垦另一块土地德恩主教地的报酬。

在西密德兰地区，从 1086 年到 1106 年人口增长速度非常快，但从

1106 年到 1191 年速度较缓。在格洛斯特郡，1260—1280 年的人口增长速度为 1086—1265 年速度的一半，在沃里克郡的雅顿森林，在 1086 年以后的两个世纪，人口增长速度比较快，达到 1086 年数量的 375%。在西密德兰地区的高原地带，人口增长最为迅速，在斯塔福德郡人口增长为 1086 年的 933%。整个西密德兰地区的人口增长到了 14 世纪为 1086 年的 2—3 倍。在坎诺克蔡斯地区边缘的四个村庄，在 1208—1209 年进行了土地开垦。中世纪晚期的土地开垦遍布整个斯塔福德郡，但在黑乡地区、墨菲和清沃森林开垦的范围是最为广泛的。西密德兰更南部的地区，达德利城堡的佃农们开垦了 660 英亩的土地。斯塔福德郡的大部分地区在 1190—1280 年进行了土地开垦。在 1211—1216 年，布伦伍德女修道院进行了土地开垦。在南部高地地区，在 1190—1206 年有两处被开垦的土地，在 1194—1206 年又有三处，到 1240 年又有两处。因此可以看出整个斯塔福德郡许多小块开垦土地，主要是在 13 世纪时开垦的。

在西南部英格兰地区，沼泽地开垦的范围非常广泛。住在沼泽地庄园农场中的索克斯皮茨一家人是非常典型的例子，他们在 1170—1180 年来到所居住的农场，1234—1235 年进行了新土地的开垦。1086—1300 年艾克米斯特沼泽地附近进行了土地开垦。林地的开垦是土地开垦中最重要的类型。在 1159—1160 年，巴克法斯特修道院已经开垦了 1340 英亩土地。

在北部英格兰地区，在 1086 年之后的两个世纪，人口增长最快的是高原地带。例如在高原地带的七个村庄中有着土地开垦的行为，其中有四个达到了 116.5 英亩，其他的三个村庄只有 30 英亩 9 玻菲特。在诺森伯兰郡，1242 年，布林克布姆修道院和其他修道院对该郡五个村庄的土地表现出了兴趣想要去开垦；在 1153—1195 年，这些修道院就已经圈围了其他的 18 英亩土地。在约克郡，1155—1156 年，里沃兹修道院开垦了 880 英亩土地。1150—1160 年，僧侣们又开垦了一块靠近巴恩斯利的土地用来经营铁匠铺，1154—1189 年，这个修道院又获得了开垦皮克林森林的权利。在约克郡，个人开垦土地是十分常见的，尤其是靠近堤岸的地方。有时，整个村庄会共同开垦一块土地，有时个人或集体会共享自己开垦的土地。北部英格兰地区土地的开垦主要集中于敞田制土地上，而敞田制本身的特征也为大规模开垦提供了便利。此外在北部各郡，将单块土地进行开垦并且联合起来属于共有又是其另外一个突出特点。

在英格兰边界地区，柴郡的荒野和边界地区，土地开垦的范围非常广泛。在中世纪晚期，这一地区土地开垦的现象比较少，尤其是在黑死病前夕。1295 年，卡斯尔教区的自由佃农开垦了 20 英亩土地，且这些佃农生活在距离新开垦土地 16 英亩的城镇中。在赫里福德郡，1086 年就已经有了土地开垦的记录：在四块庄园开垦的土地中，包括了 58 英亩，其中两块土地价值 16 先令 3 便士，另两块价值 17 先令 4 便士。诺曼征服之后到 12 世纪之间，赫里福德郡土地开垦的速度比较快（在 1198—1199 年，土地开垦数量达到了 300 英亩，而在 1199—1200 年则又增加了 107 英亩。）。1225—1250 年之后该郡土地开垦仍是十分普遍的现象。例如在赫里福德五个教堂地产上，1253—1268 年，佃农持有土地 163 英亩，并进行了小块土地的开垦。

到 1315 年大饥荒之前，土地的开垦、清理和将草场改为可耕种的活动使得可耕地增加到了 1000 万英亩（比 1800 年的 1050 万英亩的可耕地数量略微少些）。[①] 在 13 世纪和 14 世纪早期，大部分土地价格上涨，农产品价格相对成本较高，这就使耕种大规模扩展，土地所有者资

---

① Bruce M. S. Campell, *Land and People in Late Medieval England*, Ashgate Publishing Limited, Ⅶ, 2009: 182.

金膨胀，人民大众的财富增长。①

这一时期由于人口的增加，以波斯坦为代表的新人口论者认为，在12 世纪和 13 世纪时，人口对于资源的压力越来越大，越来越多的土地处于耕种之下，牧场和草场变得越来越少，农民只能饲养很少的家畜，在英国许多地方，人口的增长超出了新开垦的土地，② 可见人口过剩是不可避免的现实。此外，爱德华·米勒（Edward Miller）也认为 14 世纪早期的生存危机反映了乡村地区的人口过剩状况，在这种生存环境中，至少在某些土地不太广袤的地区，人们需要去寻找每日所必需的面包，尤其是在农业歉收的时候，大多数小块土地耕种者的温饱都存在问题。③

要考察中世纪英国人口是否过剩，需要从几个方面来进行考证。一是中世纪英国人口的数量；二是中世纪英国的土地数量，即可耕地的数量；三是中世纪英国人口生活的状况。

有关中世纪英国人口的数量在上文中已经具体阐述，故此不再论述，下文主要论述后两个方面的问题。关于中世纪可耕地的数量，根据波斯坦的新人口论，可以得知由于中世纪人口不断膨胀，对于食物需求与日俱增，与此所伴随的是不得不扩大土地的开垦面积，在 14 世纪前，垦荒运动大量在英国出现。有关耕地面积的数量，可以从 1086 年的可耕地数量来估算。对于 1086 年可耕地的估算，是以"犁队"（plough-

---

① Miller and Hatcher, *Medieval England: Rural Society and Economic Change*, Longman, 1978: 161.

② H. E. Hallam, *Rural England*, 1066-1348, The Harvester Press, 1981: 11.

③ Joan Thirsk (ed.), *The Agrarian History of England and Wales*, Volume II 1348-1500, Cambridge University Press, 1991, p. 2.

team)① 作为单位来进行计算的。尽管犁队在一定程度上是一个变量，但可以肯定的是在 1086 年，可耕地的范围已经比较广泛了。西博姆（Seebohm）试图根据每一个自由农、佃农、维兰、边地农和茅舍农的可耕地数量来对整个英国可耕地数量进行估算，在 1879 年写作时，他所得出的结果是英国整个国家在 1086 年可耕地面积的 $\frac{1}{3}$ 到 $\frac{1}{2}$ "大约有 500 万英亩的可耕地"，因此，他得出结论，1086 年整个英国"可耕地的面积确实相当大"。② 此外，梅特兰对 12 个郡③进行了估算，认为每个郡的每一个犁队可耕地"大约 120 英亩"④。R. 伦纳德（R. Lennard）根据梅特兰和达比的推测，进一步对可耕地进行估算，他基于对每一个犁队进行估算，对每一个犁队所耕的土地做出了比较保守的估算，认为"每个犁队仅仅可以耕 100 英亩土地"⑤。同时，他还将他的估算扩大运用到了整个 1086 年的英国，除以下几个地方：一是兰开夏郡，因为当地记录并不充分，因此无法估算；二是约克郡、德比郡、柴郡、斯坦福郡和什罗普郡，因为这些郡的记录遭到了异常的破坏；三是米德尔塞克斯郡，由于受伦敦发展的影响，使得它的发展与其他各郡有所不同。在剩下的 28 个郡中，他计算出有71785个犁队在工作，由此估算出 1086 年大约有 720 万英亩的可耕地——与 1914 年 6 月 4 日英国的农业统计

---

① 有关犁队的概念，达比认为一个犁队一般包括 8 头公牛，而他的这一观点也得到了许多学者的认同，如梅特兰和 J. H. 朗德（J. H. Round）等。但必须强调的是，学者们并不否认"犁队"这一概念对于整个英国而言它的规模是变化的，尤其是在黏性较重的土地上和白垩岩的土地上。
② F. Seebohm, *The English village community*, Cambridge, 1883：101-103.
③ 这 12 个郡包括苏塞克斯郡、萨里郡、伯克郡、多塞特郡、萨默塞特郡、德文郡、贝德福德郡、白金汉郡、牛津郡、格洛斯特郡、北安普顿郡和林肯郡。
④ F. W. Maitland, *Domesday Book and beyond*, Cambridge, 1897：435.
⑤ R. Lennard, *Rural England*, 1086-1135, Oxford, 1959：393.

得出的 1914 年当年 770 万英亩的可耕地①相差并不多。可见，数百年来英国可耕地数量变化并不是很大，可耕地数量处于一个较稳定的状态。由于伦纳德的估算比较保守，且他所做的整体估算并非包括所有地区，因此，可以将其所估算的每一犁队耕地数大约等同于梅特兰所估算的 120 英亩，据此得出 1086 年的可耕地数最高估算为 860 万英亩②。

通过估算得知可耕地的数量，下一步则是探讨为维护最低生活水平需要多少土地。需要指出的是，直到 13 世纪晚期，小土地持有者占总人口的比例仍很大。根据波斯坦估算，占有土地为 $\frac{1}{4}$ 威尔格特（7.5—10 英亩）或少于 $\frac{1}{4}$ 威尔格特的人口占到了总人口的 45%③。这些数据是基于分布于整个英国 8 个郡 104 个庄园所得出的。而根据科斯敏斯基非庄园材料的统计，占有土地为 $\frac{1}{4}$ 威尔格特或少于 $\frac{1}{4}$ 威尔格特的佃农人口占到了总佃农人口的 46%④。$\frac{1}{4}$ 威尔格特这一词语更应该重点来理解。⑤ 他认为当今许多的史学家将 $\frac{1}{4}$ 威尔格特作为划分小土地持有者的标准，但是仍存有不同的声音，例如蒂托认为划分的上限，即 $\frac{1}{4}$ 威尔格

---

① R. Lennard, *Rural England*, 1086-1135, Oxford, 1959: 393.

② J. Z. Titow, *English Rural Society: 1200-1350*, London, Geogre Allen and Unwin LTD, 1969: 72.

③ J. Z. Titow, *English Rural Society: 1200-1350*, London, Geogre Allen and Unwin LTD, 1969: 78.

④ H. E. Hallam, Population Density in Medieval Fenland, Economic History Review, 2nd series, XIV, 1961.

⑤ J. Z. Titow, *English Rural Society: 1200-1350*, London, Geogre Allen and Unwin LTD, 1969: 79.

特，对于小土地持有者来说过高。而"$\frac{1}{4}$威尔格特"为小土地持有者身份划分的标准是因为史学家们普遍认为中世纪乡村社会最低生活标准不会再低于$\frac{1}{4}$威尔格特。拉塞尔认为一个佃农和他的家庭显然需要 5—10 英亩的土地——更接近于 10 英亩。如果一个家庭是五口之家，那么供养每一个人的土地为 1—2 英亩——更接近于 2 英亩。[1] 另有一些史学家，如希尔顿，他认为在中世纪的乡村社会，小土地持有者持有的土地应超过$\frac{1}{4}$威尔格特，或超过 10 英亩，所以他认为$\frac{1}{2}$的威尔格特才是小土地持有者生活的最低标准。[2]

　　根据以上数据的讨论，对农民的生活有了一个大概的估计。针对这些估算，有四个因素需要考虑：一是对农民土地产出的估算；二是农民在满足自我需要之前，需要对领主所承担的义务；三是个人最低的生活标准只包含纯谷物的饮食，不包含鱼、肉等食物；四是对每户人口数的普遍估算，是指每户所能够承担供养的人口数量。基于以上这些因素的考量，蒂托给出了计算中世纪英国人口生活水平的公式[3]：

$$\frac{C+S}{Y} \times F = A \text{ 和 } A \times H = TA$$

　　其中，C 代表封建主的剥削，即农民在满足自身需求前需要交给领主的谷物。波斯坦认为即使没有超出庄园规定的义务，佃户仍然需要上

①　J. C. Russell, The Pre - plague Population of England, Journal of British Studies, V, 1966：20.

②　Hilton R. H. , *A Medieval Society*：*The West Midlands uat the End of the Thirteenth Century*, Cambridge：Cambridge University Press, 1966：114.

③　J. Z. Titow, *English Rural Society*：*1200-1350*, London, Geoge Allen and Unwin LTD, 1969：80.

交很大一部分的所得，通常这些领主的剥削接近 50% 或以上，[1] 而蒂托则认为这些剥削应保持在总产出的 25% 左右。S 为每人每年的最低生活需求；Y 为平均每英亩的产量，蒂托根据燕麦、大麦、小麦的种植情况，估算出每英亩大概产 8 蒲式耳[2]的混合谷物。如果根据拉塞尔认为供养每人所需土地为 1—2 英亩，则每人所需谷物 8—16 蒲式耳，马克垚则更认同为 12 蒲式耳；F 为因轮作而增加的土地系数（二圃制为 2，三圃制为 1.5）；A 为每人所需最低英亩数；H 为每户人口系数；TA 为一个农民家庭生存所需总体英亩数。综上，可以将英国在当时所能供养的人口进行一个估算：860 万英亩的可耕地乘以每英亩 8 蒲式耳的谷物数量，得出总粮食量为 6880 万蒲式耳，而每个人消耗的粮食数量为 12 蒲式耳，则 6880 万蒲式耳则可供养将近 600 万的英国人口。根据波斯坦对黑死病前人口最高的估计为 600 万，人口过剩论恐怕难逃质疑。

此外，波斯坦的"人口过剩"这一理论亦包含不合理假设，他认为在中世纪的农业中不存在技术进步。许多现代学者驳斥认为英国中世纪没有发明和创新的观点，认为中世纪是英国农业革命的开端，是有伟大而瞩目的创新的。在这一点，埃斯特·博尔普（Ester Boerup）和科林·克拉克（Colin Clark）是反对波斯坦理论的。他们认为英国中世纪晚期的战争与瘟疫使创新成为"不必要的事情"，但黑死病以前的人口压力却推动了创新的发展。[3] 中世纪农业技术的进步体现在农业产量的水平上，13 世纪末 14 世纪初，坎贝尔（Campbell）认为在东诺福克地区的庄园已经通过精耕细作和人工施肥及种植其他豆类食物使得土地保持了肥力，并且获得了高产。他通过对 1300—1390 年的诺福克东部 20

---

① M. M. 波斯坦著，H. J. 哈巴库克主编：《剑桥欧洲经济史（第一卷）中世纪的农业生活》，王春法主译，北京：经济科学出版社 2002 年 9 月版，第 603 页。

② 蒲式耳（Bushel），英国的容量及重量单位。

③ H. E. Hallam, *Rural England*, 1066-1348, The Harvester Press, 1981: 13.

个庄园的粮食产量进行调查，发现自营地小麦平均每英亩产量达到
14.8 蒲式耳，最高达 30.2 蒲式耳；大麦平均每英亩产量达到 15.1 蒲
式耳，最高达 23.6 蒲式耳。① 在 1481 年的沃里克郡，一个农民每英亩
粮食的产量甚至达到了 20 蒲式耳。② 尽管英国其他地区不可能都像这
两个地区一样拥有相同的农业生产水平，但这些仍可以证明英国的农业
技术在不断进步，从而显得波斯坦关于人口剩余的理论变得苍白无力。

第二节 这一时期人口流动的特点

由于材料的匮乏，很难对人口的流动做出准确的估计。但毫无疑问
的是，城市人口是增长的，人口增长的程度依赖于人口的自然生长率和
人口流动。人口流动是城市扩张的一个重要因素，在 12 世纪和 13 世纪
许多新城市的出现表明了大量人口从乡村转移到了城市，或者在城市之
间流动。城市中人口的姓氏往往会涉及一个家族的起源，1251 年斯坦
福德镇市民家庭的姓氏表明了他们中有很多人来自沃里克郡的农村，距
离新城市的半径不超过 6 英里。③ 同样，在黑尔斯欧文的本地人口中，
有许多来自本地集市以外的地区。④ 大城市表现出了巨大的吸引力，这
些可以根据当地诸多的遗留资料看出：约克——根据其 13 世纪晚期的
自由农案卷可以得出，有 60% 的移民来自距离 20 英里以内的地方；大

---

① Bruce M. S. Campbell, Agricultural Progress in Medieval England: Some Evidence From
Estern Norfolk, The Economic History Review, New Series, Vol. 36, No. 1（Feb.,
1983）：11.

② 杨杰著：《从下往上看——英国农业革命》，北京：中国社会科学出版社 2009 年版，
第 158 页。

③ D. M. Palliser（eds.），*The Cambridge Urban History of Britain*, Vol. 600 - 1540,
Cambridge University Press：102.

④ Hilton, Small town society in England：77.

约在 1300 年，几乎 70% 的流入诺维奇和莱斯特的人口来自相同距离的地方；[1] 流入格洛斯特郡的人口表现出了同样的模式，$\frac{2}{3}$ 的人来自不超过 20 英里的地方，一半的人口来自不超过 14 英里的地方，[2] 也有一些人口来自 100 英里以外的地方。每一个城市的人口流动模式会受到其邻近地区的影响，但也有例外，格洛斯特郡距离布里斯托尔只有 32 英里的距离，有一半的人口来自超过 30 英里的地方，有 $\frac{1}{4}$ 的总移民来自超过 60 英里的地方。[3]

此外，在大量的房屋持有者列表中——包括许多自由农，或者是交税记录可以发现，这些流入城市的人口都具有良好的经济和社会地位，且这些人具有一定的技艺或是由他们的家庭提供支持能成为学习工艺的学徒。还有许多进入城市的人口是为了逃避农村的贫穷，甚至是饥荒，在一些极端例子中，会出现一些不同的迁移模式。黑尔斯欧文的例子中包括贫穷移民和富裕移民的例子，这些人都来源于黑尔斯欧文直接的腹地。在近代早期，贫穷者从一个城市到另一个城市，可能是为了寻找工作机会，也可能是因为大城市提供了相应的工作机会。[4] 无论是家里的仆人还是暂时的劳动者，贫穷且没有技术的人都成为了城市劳动力的重要组成部分——尽管在一些城市中他们没有财富，没有长期固定的住

---

[1] D. M. Palliser (eds.), *The Cambridge Urban History of Britain*, *Vol. 600 – 1540*, Cambridge University Press：102.

[2] P. Mclure, Patterns of migration in the late middle ages：the evidence of English place-name surnames, *Economic History Review*, *2nd series*, 32, (1979)：178, 180-181.

[3] S. Penn, The origins of Bristol migrants in the early fourteenth Century：the surname evidence, *Transaction of the Bristol and Gloustershire Arch. Soc.*, 101 (1983)：128 – 129.

[4] P. Mclure, Patterns of migration in the late middle ages：the evidence of English place-name surnames, *Economic History Review*, *2nd series*, 32, (1979)：123.

所。另外，还有一些人是季节性的流动，在城市和乡村之间的流动是为了寻找养活自己的机会。

总之，这一时期是英国人口的增长阶段，但是人口的增长幅度并不是均衡的，就全国而言，人口增长最多的地区是高地地带。但也有特例，如什罗普郡，它在两个多世纪里，人口只增加了两倍。商业化的发展与人口的增加是相互联系的，商业化的发展使得人口有了增加，而人口的增加也是商业化的基础。总体而言，这一时期的农业技术仍不算发达，这也成为人们进行土地开垦的重要因素之一。由于城市与农村、地区与地区之间存在着差异，人口便发生了流动。这一时期的人口流动也有其自身特点，即距离成为人口流动的主要限制因素。

第四章

14—15 世纪末：人口减少和停滞

从 14 世纪开始，人口的发展趋势发生了转变，人口增长停止，人口数量也开始减少，甚至到了 15 世纪末 16 世纪，人口的增长速度与 14 世纪之前相比仍是迟缓的。关于人口下降的具体时间节点，学界普遍认为是在黑死病时期，黑死病期间人口的确经历了一个较大的转折点。也有学者认为在 1315—1317 年这一时期，人口就已经开始呈下降趋势了，但是这一说法遭到了一些学者的质疑。例如，蒂托（Titow）和普斯（Poos）认为，在温彻斯特主教领地南方的一些区域，1315—1317 年的饥荒成为人口变化的转折点，人口数量开始衰退，而在埃塞克斯郡的一些庄园，1315—1317 年的饥荒带来了连续 30 年的人口下降，也带来了高死亡率。[1] 但是齐维·拉兹（Zivi Razi）通过对黑尔斯欧文的观察则认为，尽管该地区受到了 14 世纪早期饥荒的影响，但在黑死病之前的 20—30 年人口就已经恢复了，但不可否认的是，这时的恢复速度相比 14 世纪晚期，相对较慢。[2] 还有一些学者认为，中世纪人口的衰落是从 14 世纪早期的某一特殊时间开始的[3]。尽管对人口下降趋势具体开始的

---

[1] J. Z. Titow, Some evidence of thirteenth-century population increase, EcHR, 2nd ser. xiv, 1961：220；L. R. Poos, The rural population of Essex in the later middle ages, *Economic History Review*, 2nd ser. XXXVIII, 1985：521.

[2] Zivi Razi, *Life, Marriage and Death in a Medieval Parish: Economy, Society and Demography in Halesowen, 1270-1400*, Cambridge University Press, 1980：45.

[3] R. S. Gottfried, Population, Plague, and the Sweating Sickness: Demographic Movements in Late Fifteenth Century England, *Journal of British Studies*, Vol. 17, No. 1 (Autumn, 1977)：12.

时间段存在着异议，但对14世纪早期人口发展遇到了挑战这一说法基本是可以形成共识的。

第一节 引起人口减少和停滞的主要因素

一、瘟疫与疾病

尽管在黑死病之前，英国的一些地区已经遭受了瘟疫与灾害，例如温彻斯特主教领地的南部地区1315—1317年的农业危机就使其人口发展趋势发生了转折，而埃塞克斯郡的许多庄园在经历了农业危机的打击后又连续经历了30多年的人口高死亡率。[1] 但不能否认的是对于整个英国而言，黑死病在人口发展趋势中由上升转变为下降的重要影响。正如一位欧洲的史学家所说："黑死病是查士丁尼危机后的中世纪所遭受的最严重的独立的灾难。"[2] 通过对一系列东盎格利亚遗嘱的分析可以发现，瘟疫对于人口死亡率的影响是十分巨大的，并且这种影响不仅仅在于瘟疫本身的破坏性，更重要的是瘟疫暴发的反复性。[3] 然而，地区之间针对黑死病也有着不同的应对措施。大卫·斯通通过对庄园档案中城镇长官的原始记录认真研读发现，在不同的地区人们对黑死病的警觉性也是不同的。他发现居住在沼泽地庄园的人们对瘟疫的警惕性最为明显，在瘟疫到来之前，这里的人们会购买锁或是用水闸来保护自己的建

---

[1] J. Z. Titow, Some evidence of thirteenth-century population increase, *Economic History Review*, 2nd ser. xiv, 1961：220.

[2] Christopher Morris, review of J. F. D. Shrewsbury, A History of Bubonic Plague in the British Isles, in *Historical Jounrnal*, XIV, 1971：209-210.

[3] Robert Gottfried, Epidemic Diease in Fifttenth-Century England, *The Journal of Economic History*, Vol. 36, No. 1. The Tasks of Economic History Source（Mar., 1976）：225.

筑免受瘟疫的侵害。同时他们还尽量让自己地产上的牲畜减少活动，降低受瘟疫的概率。

黑死病这场瘟疫是史无前例的，它深深地印刻在一代代英国人的脑海中，也印刻在许多研究中世纪英国的历史学家的脑海中。此次瘟疫在 1348 年的 5 月来到英国，暴发之后以惊人的速度迅速扩散到全国，几乎连续不断地破坏着英国的人口。它扩散到了乡村和小村庄——这也表明了当时的商业网络比较完整，每一处地方都有往来的人群，有一车车谷物和干草、一袋袋的货物往来，所有的这些都可能含有老鼠或者跳蚤。社会特权阶层的死亡率比较低——英国总佃农阶层（伯爵、男爵、一些骑士和贵族）死亡率为 27%。这些人居住在石屋里，不太容易接触到老鼠。在教区的教士，他们相对比较容易感染，死亡率达到了 42%—45%。根据庄园档案记录农民死亡的比例，通常在 40% 以上，有时会达到 70%，由此可以得出总体的死亡率达到了 50%。此外，还有一些比较极端的死亡率，例如在靠近咔麦登的兰乐维奇（Llanllwch），12 个佃农中死亡了 11 人。

为了应对这场突如其来的瘟疫，一些日常活动也被临时终止了。例如，在 1349 年，德比郡的采矿活动停止了。在德比郡的阿什伯恩（Ashbourne）教堂和东约克郡的派瑞顿（Patrington）的修建工程也都停止了，埃克塞特大教堂西边的修建似乎也停止了——停止的原因也许是建筑人力的缺乏，或许是修建经费的不足，但都与黑死病相关。据记载，1349 年，在沃斯特郡修建亨雷（Henley）城堡的陶艺工人大多都已经去世了，直到 14 世纪后期陶艺工业又开始繁荣。康沃尔的锡矿业似乎没有被叫停，但也遭受了一些严重的挫折，例如在 1338—1342 年每年价值超过 100 万英镑的金属用来交税，但在 1351 年用来交税的金属价值则少于 25 万英镑，仅为 237408 英镑。在 1386 年，康沃尔锡矿的产量下降到瘟疫前的水平。

农民份地在14世纪50年代时留有许多空缺。而法庭记录里显示土地在地主的手中，但是这些年他们都没有租出去，仅仅有一些短期的租金。在许多例子中，新佃农继承父母的土地比想象中的要快，之前一些无地的劳动者或是仆人利用这一机会进入了有地的农民阶层中。但这些机会也是有限制的，需要金钱来购买土地、配套设施和牲畜。瘟疫后许多份地被幸存的佃农占有，他们死去的邻居给了他们扩大自己土地的机会，在乡村星罗棋布地分散着毁坏的房子和空闲的小块土地。这些被破坏的份地散布于居住点，但有时整个村庄会因"第一次的瘟疫"（即黑死病)① 被直接荒弃。扩博（Quob）是汉普郡的一个小村庄，在黑死病后很快就荒废了。经济中会有一些不太受到影响的行为，如羊毛贸易，在1350—1351年，羊毛的出口量为3.5万袋，这和14世纪30年代和40年代早期的出口量相等。

黑死病后的一代或两代人认为"第一次瘟疫"是重大的转折性事件，但对于黑死病所产生的影响很难在一段长时间内发生改变。通常一场瘟疫所造成的人口缺少可以通过年轻的幸存者早婚来填补。但是黑死病后的一个阶段，人口的增长遭遇到许多障碍。在"第一次瘟疫"暴发后又有一系列瘟疫的暴发，1361—1362年、1369年和1375年瘟疫虽然都比1348—1350年的瘟疫死亡人口少，大约减少了10%—15%，但仍然非常严重，足以切断1350年后的人口恢复。人们还不断遭受了当地的疾病，从1390年到1500年平均每十年都会有一次。

中世纪最后一场大规模的饥荒从1437年持续到1440年，导致这场饥荒的原因是谷物产量的下降和物价的上涨，就如同1315—1317年那场饥荒一样。死亡率没有像之前那样增加太多，除非在一些地区瘟疫和食物短缺同时存在。疾病通常伴随着不良的饮食，如麻风病。中世纪晚

---

① 指黑死病。

期的英国，乡村住宅的质量有所提高，如在东南部，一间房子通常在一楼有一个房间，这样的设计可以将街道和农家庭院的灰尘与生活空间区别开来。在城市中，通常都会提供自来水，垃圾都会集中到公共的垃圾堆。但是疾病仍然会使许多人丧命，尽管人们的生活水平有所提高。

在 15 世纪英国瘟疫仍持续不断，从东盎格利亚和赫特福德郡的相关资料可以看出——这些资料包括 2 万份的遗嘱、行政机构的信件、教会法庭记录中所列的未立遗嘱的死亡者名单;① 可以看出瘟疫所带来的人口负面影响，尽管这些资料有一定的局限性，例如在遗嘱记录中，女性死亡情况被忽略了，尤其是具体死亡时间没有给出，即便是男性，也没有给出 100%完整的记录。此外，在 15 世纪 50 年代，成年男性的遗嘱数量也不包括 20%—30%的最为贫穷这些人口。但这些资料仍可以看出，从 1430 年到 1480 年，这两个地区 18 年内至少有 7 次，甚至是 10 次或 11 次全国范围的瘟疫暴发，以及在 15 年内至少有 20 次地方时疫的暴发。瘟疫是最为反复和致命的传染疾病。在 1433—1434 年、1438—1439 年和 1479—1480 年暴发了三次瘟疫，其中也包括肺炎的流行，但瘟疫中鼠疫最为普遍。其他传染疾病包括：痢疾；流行性感冒——但在 1485 年以后才变得比较流行；包括水痘，得了这种疾病会在皮肤上有小的斑点；法国花柳病，从其名字就可以得知是一种性传播疾病。有关非瘟疫引起疾病的相关记录并没有瘟疫记录得那么详细和形象。根据这些病的医学描述可以知道这些疾病对死亡率的影响与瘟疫是有所不同的。1430—1480 年间，明显比较高的死亡率出现在 1433—1434 年、1438—1439 年、1452 年、1458—1459 年、1471 年、1479—1480 年的瘟疫和 1462 年"水痘"的流行，以及 1473 年的痢疾流行的时间段。死亡率最高的年份是 1479—1480 年，1479 年秋天的死亡率比

① 　Robert Gottfried，Epidemic Diease in Fifttenth-Century England，The Journal of Economic History，Vol. 36，No. 1. The Tasks of Economic History Source（Mar.，1976）：267.

之前 5 年的平均死亡率的 4 倍还要高。

总之，瘟疫的不断暴发是造成人口减少的主要原因之一，但并非唯一原因。在提到瘟疫高死亡率的同时，还应注意到其他的一些情况，一是当时卫生医疗条件的落后，二是当时的人们不相信医学，某些时候会将医学与神灵宗教混为一谈。

二、气候因素

1346 年至 1353 年，欧洲经历了黑死病，在这一时期还遭遇了最为极端的天气，这种 14 世纪上半叶西北欧天气的根本性转变与随后出现的 15 世纪的持续增加的高死亡率密切相关。坎贝尔认为，在 14 世纪最后 25 年的经济和环境状况是"完全规模上的马尔萨斯人口恢复的表现"，他同时也观察到了"所有这些人口的表现都表明人口在继续收缩"。1349 年的春夏，黑死病引起了大的混乱——尤其到了 1349—1352 年，黑死病的袭击和气候原因造成了食物短缺。但是这些在大卫·斯通看来，是由于劳动力的短缺和对可耕地保护的缺失，并不是坎贝尔所提出的环境因素所引起的。事实上，在黑死病之后几年的记录里确实存在着粮食减产的记录，但气候因素也确实存在，只是不应过于夸大其作用。

在经历了中世纪温暖时期之后，随之而来的是较为寒冷和潮湿的气候，气象学家称这一时期为"小冰期"，小冰期开始的时间大约为 1300 年。在这一时期，欧洲的平均气温下降了 1℃，欧洲的生长期缩短了三周左右，农作物耕种的范围和树木生长的海拔高度限制退到了 200 米或者 656 英尺，雪线和冰川基准线上升。英格兰的葡萄园，在中世纪温暖时期至少有 50 个，然后逐渐开始缩小（当然这并非完全是气候的原因）。人口在这一时期不得不适应恶劣的气候，他们必须远离那些寒冷和洪水泛滥的高地和沿海地带，到更为安全的地区耕种和居住。小冰期的恶劣气候还带来了农业上的歉收，在 1315—1322 年、1363—1371 年、1408—1419 年、1437—1440 年和 1481—1484 年，这些时期的农业收成都极大受到了气候变化的影响。①

三、战争

在这一时期，英国对内对外都进行了长期的征战。战争对人口的影响是直接而多方面的，这种影响不仅体现在战争人数上，也体现在经济上。在人数上，由于英格兰和苏格兰频繁的战争，需要大量的人力来支持。在 1339 年 10 月，国会从几个郡雇用了一些人来服务于国家军事，以应对与苏格兰的战争。具体来说，从约克郡雇用了 200 名徒步骑士（Men At Arms）、1000 名弓箭手；兰开夏郡雇用了 40 名徒步骑士、500 名弓箭手；诺丁汉郡雇用了 20 名徒步骑士；德比郡雇用了 10 名徒步骑士。总计雇用了 270 名徒步骑士、1500 名弓箭手，总数 1770 人。② 1340 年 1 月 20 日，需要增加部队的人数来威慑苏格兰国王，英国从整个特伦托河的北部招聘军队人员，具体招募由个人来进行。③ 共有 36 位军队首领招募了总数 2832 位的随行人员，这些人员主要来自约克郡（见表 4-1）。此外，英格兰国王还在边境地区招募了 2000 名轻骑兵。

---

①　H. H. Lamb, Climate, History and the Morden World, 2nd. London and New York: Routledge, 1995: 187-207.

②　Andy King and David Simpkin (eds.), England and Scotland at War, c. 1296-c. 1513, Leiden, Boston, 2012: 128.

③　Mark Ormrod (ed.) Edward Ⅲ: Parliament of January 1340, PROME, items 34-37.

表4-1　1340年1—2月国会为在边界防止苏格兰国王爱德华·贝列尔的军队人数①

地区名称	招募人数（人）	徒步骑士（人）	弓箭手（人）	轻骑兵（人）	总人数（人）
约克郡	25	661	1820		2481
诺丁汉郡 & 德比郡	6	56	130		186
兰开夏郡	3	25	120		145
坎伯兰郡	1	20			20
边境地区				2000	2000
总数	35	762	2070	2000	4832

1344年8月25日，贝列尔被正式任命为苏格兰边境地区及周边地区的军队总负责人。在一周之前，北部各郡被英国要求提供总数为8107人的军队，军队的具体人数配置见表4-2。除此以外，英国国会还要求北部各郡的一些豪绅提供徒步骑士，如卡莱尔主教（Bishop of Carlisle）提供了60名徒步骑士。② 根据编年史家亨利·奈顿（Henry Knighton）提供的数据，当时苏格兰国王配备的军队有600名徒步骑士和2000名弓箭手。1346年10月，苏格兰入侵边境地区，根据约翰·沃德豪斯（John Wodehouse）统计，英国当时拿薪水的士兵包括64名徒步骑士，以及来自兰开夏郡的640名弓箭手和240名步行弓箭手（Foot Archers），来自约克郡的15名徒步骑士、29名轻骑兵和3020名弓箭手（总共3900名弓箭手）。③

---

① Andy King and David Simpkin（eds.），England and Scotland at War，c. 1296-1513，Leiden，Boston，2012：130.

② Storey（ed.）Register of John Kirkby，Bishop of Carlisle 1332-1352 and the Register of John Ross，Bishop，V2：426.

③ Michael Prestwich，The English at the Battle of Neville's Cross，Rollason and Prestwich，pp. 4-6.

表 4-2 1344 年 8 月，英格兰北部各郡提供军队人数①

地区名称	徒步骑士（人）	弓箭手（人）	轻骑兵（人）
诺森伯兰郡			1500
坎伯兰郡			1000
威斯特摩兰郡			1000
达勒姆主教区			500
兰开夏郡		1000	
约克郡	59	2048	
德比郡		600	
诺丁汉郡		400	
总数	59	4048	4000

　　1347 年 1 月 27 日，英国国王又颁布法令召集了 2700 人对苏格兰进行远征，这些士兵主要来自约克郡，也包括来自兰开夏郡的 500 人和来自德比郡和诺丁汉郡的 200 人。② 共有超过 2100 人的部队集结在东部和西部边境地区，但等到远征真正开始时人数下降到了 2000 人以下，大多数士兵花费在等待远征的时间人人超过了进行远征的时间。

　　同时，对战争人数的考察还可以参考 14 世纪晚期和 15 世纪人口所占的比例，5 万人中可能有 10%或 15%的男性人口在 18 岁到 45 岁之间。在特雷西战役中，全部参加战斗的人员、运输军队及其供给的人员、守卫国家的人员和在英格兰生产物资的人员据估算达到了数千人。在中世纪英国没有人不认为战争是不重要的或者是无须付出代价的。

---

① Andy King and David Simpkin（eds.），England and Scotland at War, c. 1296-1513, Leiden, Boston, 2012：142.

② Andy King and David Simpkin（eds.），England and Scotland at War, c. 1296-1513, Leiden, Boston, 2012：146.

计算真正的战争成本还需要考量其他的经济破坏：需要估算每年船舶运送军队和供给的平均开销；商业和谈判常常会被中断；在战争的最初阶段，英格兰的羊毛贸易由于羊毛的贷款和赋税陷入混乱，至少出现过一次全部的羊毛货物被没收的情况；此外，还需定期供应粮食和牲畜用来支持海外的军队和城堡。伯里（Burley）先生认为，加莱一个城市在 1347 年到 1361 年就收到了 2.6 万夸特的粮食和超过 2800 口牲畜；而这些年份并不是加莱历史上需求最多的一年，加莱也不是唯一从英格兰获得军队物资的城市。①

通过财税报告和国王的行头以及他们身后所留下的财政报告可以较为简单地评估出真实的开销。麦克法兰估算为战争所征收的总体税收在"百年战争"的 120 年间，总共收到了 25 万英镑——这些来自四次对羊毛的征税，他的估算也是比较切实可信的。战争，尤其是在早期阶段，在某种程度上主要靠信用来获得贫助。爱德华三世时期，他借了许多钱财，但没有办法来偿还这些来自海外和英格兰的借款。在 15 世纪的前15 年，英国赤字和相应的负债每年达到了 1.5 万英镑，在 1449 年超过了 37 万英镑。② 这些债务中一些是靠当前的收入来偿还的，其他一些则通过其他方式来偿还：来自特殊战争的利益或来自土地的收入或转让费用。每次战争的经济负担都会通过税收转嫁到其他的资产和收入上。从这一点看来，这些战争的支出也可以从战争中征收的税收来计算。另外，尤其是在英王爱德华三世征战的早期阶段，城镇和乡村税收的征收主要是为了维持战场当地的费用，除此以外还有一些额外的财政负担，如为王室提供食物。这些额外的财政负担必须要考虑到，有时会很多，

---

① M. M. Postan, Essays on Medieval Agriculture and General Problems of the Medieval Economy, Cambridge, 1973, p. 68.

② E. B. Fryde, Materials for the Study of Edward III's credit operations 1327 – 1348, Bull. Inst. Res., xxii and xxiii, 1949~1950.

需要考虑到总体的财政花费中。

此外，战争对英国的社会也产生了许多间接的影响。例如，战争可能会促进犯罪。当男人们加入对法国或针对其他敌人的战争时，由于在地方上男人们的缺失从而为犯罪提供了机会。而解除这些人潜在危险的做法是让他们提供军事劳役，这一做法最早大规模开始实行是在1294年的爱德华一世时期，这也是征兵的简易方式，但对于维护地方上的法律和秩序没有太明显的作用。参加军队的男人回家省亲并非总是受欢迎，因为也可能带来负面的影响。例如，在1347年，爱德华三世占领加莱后军队回国，但国内的犯罪率又有所上升。1361年，治安法官强行让那些从法国回来的士兵参加工作，以免他们延续在战争中的那种不守规矩的行为。在北方，战争的爆发是由于缺乏对中央权威的尊重，这造成了内乱，为犯罪行为提供了机会。

第二节　人口减少和停滞引起的社会经济变化

关于人口下降与停滞的表现，有学者从犯罪的角度来进行分析。例如，哈彻认为在黑死病前后的1335—1345年和1356—1361年，犯罪率得到了上升，多伦多学派的史学家们认为黑死病以后犯罪和暴力行为的增长，是因为在人口中家庭和共同纽带（如一家之主和领主）的混乱以及人口高死亡率。[1] 麦克吉本·史密斯（McGibbon Smith）用她在萨顿所观察到的犯罪和暴力行为的事例来反驳多伦多学派从拉姆齐修道院所属庄园所观察到的情况，她认为这些情况并不具有普遍性。但她也认同多伦多学派在一定范围内通过行为调查的方法，尽管

---

① Mark Bailey and Stephen Rigby（eds.），Town and Countryside in the Age of the Black Death，Brepols Publishers n. v.，2012：XXV.

她认为多伦多学派无法有效地使用和分析在中世纪晚期乡村社会的庄园档案。

一、人口结构

从人口的年龄结构来说，人口的变化通常包括死亡率和出生率，但中世纪死亡率记载得比出生率更为详细。疾病同样会通过破坏年龄结构来影响出生率，比如瘟疫减少了生育年龄的人口。所以，"第一次瘟疫"（即黑死病）看上去会使年岁较大的人丧失生命，但实际上也造成了20—40岁人口的大量死亡。二三十年以后生育的人口减少了，因为在1350—1360年出生的人是快速消失的一代，尤其体现在1361—1362年的瘟疫，这一瘟疫被称为是"儿童的瘟疫"，使许多非常年轻的人丧命，进而对1380年和1390年的出生率有极大的影响。

而造成低生育率的主要原因是晚婚。对于一对普通夫妇而言，如果结婚年龄是26岁而不是22岁，就会减少下一代的儿童数量。低生育率另一个更深远的原因是，未婚人口数量的增加。在黑死病以后的几个世纪英国人口的特点是，产生了一定数量的晚婚者和一定比例的独身主义者。通常仆人的结婚年龄是在十几岁或更早，但后来被延迟到20多岁，这被认为是雇主的选择，因为在乡村地区家庭需要的是全职的牧羊人、放牛者和挤奶工。晚婚也可能是年轻雇员的决定，因为在1348—1350年的时候城市中的妇女有可能获得更多的工作机会和更高的收入，所以在结婚前会花更多的时间在工作上。但这也并非完全可信，女性也未必就愿意保持单身，因为在婚后她们可以继续工作。女性偏爱的是有价值的婚姻，可以通过感情和其他资产来提高自身的地位。在英国有土地的家庭继承年龄在19—21岁而不是24—28岁，逝者的兄弟和其他继承人与儿子一样拥有继承权。一代人间隔的缩短弥补了瘟疫带来的人口损失。更重要的是，瘟疫后女孩结婚的年龄更早。在英国，通常女孩在

18岁结婚而非24岁，这对于增加儿童人数是非常有效的。在此种环境下，当时的女性雇佣奶妈非常正常，如在意大利一样，英国妇女们也需要抚养非常多的孩子。

从人口的家庭结构来说，在农村家庭中存在另一种生活方式，这种方式并不是在瘟疫出现马上就产生的，而是通过几代人的发展才有。移民率的提高和亲属关系纽带的松弛，意味着土地越来越不像从前那样一代传一代。在沃斯特郡的黑尔斯欧文，1349年后的两代或三代人，土地始终保持在家族手中，那是因为还有着相对偏远亲属关系的存在——如外甥和舅舅，他们在家里没有儿子的时候可以拥有继承权。长期来看，到15世纪早期继承并非只有家族内继承，有很多土地都是从一个家庭流向另一个家庭。即使有些儿子继承了父母的土地，他们也会很快将土地卖掉。老一代家庭团结一致的精神越来越缺失。父亲不再要求儿子继承土地后给自己收益，而年长的人们也不再要求在自己年纪大后儿子一定要照看他们。个人主义鼓励年轻人早日结婚，因为年轻人可以找到便宜的土地，尤其是当他们从一个村庄搬到另一个村庄的时候，土地给予了他们结婚的基础，让他们开始有新的生活。但早婚也并非是必然的，社会变得不安定和不稳定，因为缺乏亲属关系稳定的纽带和家庭的支持，社会可能会让一个人找到伴侣很轻松，但协商结婚是比较困难的。

按照经济逻辑，在14世纪早期年轻人应该早婚，这样可以很容易地获得土地、找到工作，这些都会导致生育率的提高和人口的增长。但这样的情况只发生在欧洲大陆，但英国的家庭文化阻止了人口的增长，不知是偶然还是故意为之，英国农民就避免了1300年以后的人口再一次快速增长。

二、工资和物价

人口学家和史学家强调，外部原因上造成的死亡率是人口发生改变的主要原因。根据死亡率的变化，可以得出人口数量的变化。但是从实际工资的变化也可以反映人口的变化趋势。

与欧洲大饥荒相比，英国在黑死病时期死亡的人数多了2—3倍。人口数量减少使得物价下降了45%以及工人实际工资上升了24%。① 对工人来说，这样的收益并未持续太久的时间。在14世纪50年代早期，人口规模下降，但恶劣天气与大规模的人均货币的流通，使得物价再次上升到了14世纪初的水平。从1369年到1370年，瘟疫和饥荒一起推动物价上升到了甚至超过只在饥荒年份才会有的高位水平。因此，政府在现金工资上采取了抑制措施——在1349年紧急实行措施，并且在1351年针对这一情况又通过了法令——这一法令产生了显著的效果。从1350年开始，物价再次猛涨，导致在黑死病以后20年实际工资始终保持或者略低于瘟疫前的水平。

在这一时期，雇佣工人的其他方面得到了改善。工作变得更容易寻找，许多工人拥有更多的工作机会，虽然工资率没有提高，但实际工资却得到了改善。尤其是女性，她们进入了劳动力市场，从而增加了家庭的总收入。在被人检举的情况下，可以看出一些雇佣者利用高薪违反市场规定。在1350年，罗杰·思威福利特（Roger Swynflete）是斯塔林伯勒（Stallingborough）塞尔比（Selby）庄园的持有者，他用高薪水去引诱农夫约翰·思奇特（John Skit）解除与阿根提那（Argentene）的雇佣关系。② 其他人在表面上虽然遵循着国家的法令，实际则是花费与以前

---

① Bruce M. S. Campell, Land and People in Late Medieval England, Ashgate Publishing Limited，Ⅶ，2009：217.

② R. Horrox，（ed.），*The Black Death*，Manchester，1994：319.

相同的工资让工人做少许多的工作。在约翰·思奇特（Joho Skit）的例子中，报酬中的非现金部分也有所提高，工人们可以享受到更好的食物和饮品。这一时期在诺维奇的设吉福德领地，从事收割工作的工人饮食得到了显著提高，包括有更多的肉、鱼，还有麦芽酒，以及少数奶酪和面包——这些食物和饮品一直提供到了 14 世纪末，显然劳动者的地位在逐步地提高。①

由于劳动力的减少，持有土地变得更具有吸引力，劳工法令也并没有减缓工资上涨的情况。1375 年瘟疫的死亡率导致了 1376 年的大丰收和随之而来的物价暴跌。据记载，实际工资在 14 世纪 70 年代比其他年代增长得更为迅速，14—15 世纪末，实际工资的增长高于整个中世纪的平均水平。工资收入增加越快，他们与国家法令的矛盾越激烈。在 1381 年的 5 月与 6 月，那些实施劳工法令的人成为反抗者主要的打击对象。从那以后，劳工法令的实施变得宽松。

随后的百年中，实际工资稳定地增长，农村工资持有者的水平高于其他人许多。在农村，不再充斥着营养不良和贫穷的劳动者。相反，雇主们很难招募被雇佣者，也很难将他们留在自己身边。为了防止在收获年份农业劳动者的流失，越来越多的雇佣者利用劳工法令用普通年份的工资来雇佣工人，以防止过高的工资违背国家的法令。在之后的时间里，这种方式普遍用于年轻雇佣者，但这些年轻人仍然会为自己要求更多的报酬。这种方式为雇佣者提供了许多便利，因为这样可以保证在一整年都有充足的劳动力。被雇佣者获得了常规的工作机会和一定程度的人身安全。一旦雇佣双方达成了契约，他们无法远离就业所带来的风险，以及与地方法官之间的冲突。即便如此，那些得到工作的人（在 15 世纪的中期并非总是可以轻易得到工作，这一时期经济萧条，劳动

---

① C. C. Dyer, Changes in diet in the late middle ages：the case og harvest of workers, *History Review*, 36, 1988, pp. 21–37.

力缺乏) 工资不断增长, 这也是工资劳动者的黄金时期。在 15 世纪 70 年代的实际工资, 直到 19 世纪 80 年代才被超过。即便是最不熟练的技术工人, 他们在这一时期也是获利最多的。由于劳动力变得越来越稀少, 他们对技术投入的兴趣越来越少。体力劳动者的工资与技术熟练的工匠及官员工资的差距越来越小。

在 14 世纪和 15 世纪大部分时间, 工资都在上涨。索罗尔德·罗杰斯 (Thorold Rogers) 是首先提出对英格兰工资进行统计的经济学家, 尤其是他对中世纪晚期的高工资和不断提高的工资水平进行了研究。贝弗里奇 (W. Beveridge) 和其他学者根据温彻斯特主教地产的记录得出了在一段时间 (中世纪晚期) 不断增长的工资率的结论。① 还有学者根据英格兰其他一些小型地产来研究工资数据, 研究证实了罗杰斯和贝弗里奇关于持续增长工资的论断, 具体见表 4-3。

表 4-3 温彻斯特主教领地上的农业劳动力的日工资②

年份 (年)	小麦价格				工 资		
	(1)	(2)	(3)	(4)	(5)*	(6)	(7)
	银便士	%	谷物银便士价格	%	银便士工资	%	相当于小麦
1300—1319	7.00	100	1734	100	3.85	100	1.00
1320—1339	6.27	89	1547	90	4.78	124	1.40
1340—1359	6.30	90	1372	79	5.12	133	1.48
1360—1379	7.56	106	1508	89	6.55	169	1.54
1380—1399	5.58	80	1113	65	7.22	188	2.35
1400—1419	6.35	90	1188	68	7.33	189	2.10

---

① W. Beveridge, Wages in th Winchester Manors, Econ. Hist. Rev. 1936, Vol. Ⅶ, No. 1.
② M. M. Postan, Essays on Medieval Agriculture and General Problems of the Medieval Economy, Cambridge, 1973: 191.

续表

年份（年）	小麦价格				工资		
	（1）	（2）	（3）	（4）	（5）*	（6）	（7）
	银便士	%	谷物银便士价格	%	银便士工资	%	相当于小麦
1420—1439	6.55	93	1107	64	7.32	189	2.00
1440—1459	5.65	80	926	53	7.29	189	2.36
1460—1479	6.02	86	812	47	7.22	188	2.20

　　*这里的小麦价格是基于温彻斯特主教领地的数据而得出的，工资的数据是从贝弗里奇的 Wages in the Winchester Manor, Econ. Hist. Rev, 1936, Vol. Ⅶ, No.1. 得出的。①

　　以上这些数据非常清晰表明当时国家农业领域银币工资的上涨从14世纪开始到15世纪前15年结束并没有停止，且这些工资至少会维持50年。但实际工资的增长一定会更迅速——增长比银便士所表现出来的数据更加快速和持久。因为当工资上涨的时候，小麦价格就会略微下降，而这种价格持续下降超出了用便士令所能表现出的稳定的工资率。

　　货币工资惊人的增长是在黑死病后几年内体现出来的。在同一时期，实际工资的增长没有达到货币工资同一水平是由于在瘟疫过后农业价格在短时期内增长得很快，但15世纪中期工资上涨较为缓和。总而言之，实际工资增长的主要趋势是持续和不间断的。

　　14世纪和15世纪贸易和工业中出现了"新增长"。英国的总体情况是在1086年的时候贸易额很低、贸易范围很小，而在近代时期贸易则变得强大且知名度很高，给人以强大的信心。如果将伊丽莎白女王时

────────────

　　①　包含每夸特谷物打谷和筛选的劳动力。

期作为终点，期间表现出来的是贸易一代代变得又强又好。中世纪晚期英格兰的贸易和工业的发展过程是比较平均的，它们表现出简单而平稳的变化曲线，其中的一些分支发展了，另一些分支则衰落了，在衰落过后又有一些经济活动急剧增长。但学界认同的是，从 1350 年到 1470 年之间英格兰工业是大规模增长的。

农业工资的增长，不是由劳动力向工业中心的转移所引起，也不是导致在乡村地区劳动力短缺的原因。14—15 世纪末工资的变化可见表4-4 和表 4-5，这些表格表明工匠的工资成比例地增长以及增长的速度与农业劳动者不同。

表 4-4 工匠的日结工资（便士）*

年份（年）	木匠（1）	砖瓦匠（2）	盖屋匠（3）	石匠（4）	石匠（5）	平均数（6）	%（7）
1300—1309	2.32	3.11	2.20	2.93	2.75	2.76	100
1310—1319	3.41	2.93	1.95	3.13	4.00	3.08	112
1320—1329	3.39	3.01	2.08	3.27	3.75	3.08	112
1330—1339	3.18	2.80	2.09	3.10	3.87	3.01	109
1340—1349	2.96	2.87	2.21	2.89	3.50	2.89	105
1350—1359	3.92	3.39	2.98	3.80	4.87	3.79	138
1360—1369	4.29	3.88	3.00	4.13	5.37	4.13	150
1370—1379	4.32	4.00	3.50	4.04	6.12	4.39	159
1380—1389	4.40	4.00	3.11	4.00	6.00	4.30	156
1390—1399	4.13	4.00	3.07	4.00	5.62	4.16	150
1400—1409	4.64	4.00	3.67	4.29	6.00	4.92	178
1410—1419	4.51	4.07	4.00	4.30	6.00	4.58	165

续表

年份（年）	木匠（1）	砖瓦匠（2）	盖屋匠（3）	石匠（4）	石匠（5）	平均数（6）	%（7）
1420—1429	4.52	4.00	4.00	4.31	5.50	4.47	162
1430—1439	4.75	4.50	4.28	4.75	6.00	4.87	176
1440—1449	5.18	5.00	4.50	5.15	6.25	5.22	189
1450—1459	5.23	5.00	5.00	5.26	6.25	5.35	196

*表中石匠的数据来自贝弗里奇出版的 *Wages in the Winchester Manors*, Econ. Hist. Rev. 1936, Vol. Ⅶ。在第四列中的数据仅是来自陶顿庄园。第五列数据来自 G.F. 斯蒂芬对于罗杰斯的估算。这些庄园工资的数据，经过了努普（Knoop）和琼斯（Jones）的分析，他们都强调了当地的变化。

表4-5　工资指数的比较

年份（年）	工匠工资		小麦衡量的农业工资
	便士工资	小麦工资	
1300—1309	100	100	100
1310—1319	106	109	121
1320—1339	110	121	140
1340—1359	122	136	148
1360—1379	155	147	159
1380—1399	153	190	235
1400—1419	173	192	210
1420—1439	169	182	200
1440—1459	193	241	236

　　表4-4 和表4-5 所体现的是温彻斯特主教领地的情况，以及罗杰斯所提供的这一时期工匠普遍工资的分布情况。实际工资变化的过程并未如表中所体现的那样连续和统一。用小麦来表现工资，可以看出在14 世纪工资几乎都是上涨的。但是在黑死病以前的20—30 年，汉普郡

和威尔特郡的主教地产上的货币工资在某种程度上是衰落的。另外，还有一些地区的情况并没有体现在这些表中，尤其是伦敦周围各郡。同样，不同的职业也有不同。陶顿庄园木匠的工资在 14 世纪上半叶根本没有增长，而石匠的工资变化则没有受到任何影响。

许多在瘟疫中去世的佃农，他们的土地很快就会被重新占领，通常只需要按照条款略微进行修改地契。尽管在这个时候劳动者不断要求增加工资，一些佃农也越来越抗拒他们本该的义务，但是农业价格的高涨使得 14 世纪五六十年代成为"领地耕种的春天"。在 14 世纪晚期和 15 世纪，商品价格较低，这些也导致了土地价格的下降。因而土地耕种收缩，庄园资产减少，低阶层的财富相对增长，因此黑死病成为中世纪晚期经济的分水岭。土地和劳动力相对价格的改变，对经济造成了冲击。在 1348 年后，经济的发展改变了方向，这些变化体现在了领主的地产上。在 1348 年以前，领主主要依靠较高的土地价格、上涨的粮食价格和较低的成本来维持他们的财富。

然而，新的经济环境对领主的边际效应、适应性和灵活性发起了挑战，对他们的地位和生活方式也造成了一定的威胁。马丁·斯蒂芬森（Martin Stephenson）对庄园地产上的资本变化提出了自己新的看法，他试图展现出黑死病以后资本在投资上的变化。在他看来，资本是每年农业工具、设备、建筑的总投入，包括挖沟筑堤、搭建树篱和修建围墙，还包括扩大牲畜的数量。马丁·斯蒂芬森（Martin Stephenson）的案例研究表明，在黑死病之后资本的投资水平较高，是 18、19 世纪进步地主投资的两倍。他认为中世纪领主面临着四个方面的挑战：产出、市场、制度和人力。他根据地主的劳动力水平和资本投入水平变化得出结论，认为中世纪地主是具有市场导向性的，并且他们也能自觉意识到市场所带来的风险。斯蒂芬森对黑死病之后唐顿庄园案例的研究表明，资本的投入并不是从早期很高的水平降下来的，他认为在庄园的建筑物、磨坊和羊群方面，领主提高了"防御性的"资本支出，这样做为的是躲避较大的损失和吸引高质量的承租者。

约翰·芒罗（John Munro）同样关注黑死病以后的庄园地产管理，他关注的焦点比斯蒂芬森更为广泛。他关注的时间段集中于1370—1430年，他比较了下降的农业价格和弹性工资，认为这种变化压缩了农业利润，增加了农奴制度的执行成本，因此迫使地主大规模地放弃了对庄园领地的直接开采，将佃农们以稳定的出租价格固定在土地上。他认为份地的直接出租表明了英国农奴制的衰落，因为农民劳动力被普遍靠收租的农业活动遗弃了。芒罗提出，社会和经济的变化与农业基本价格以及农业的产出成本相关，支撑他观点的资料是1370—1430年的物价和工资变动的数据，这些变动也是由黄金的短缺所造成的，黄金的短缺会导致流通中货币的短缺。不过，他似乎很少从人口的角度去关注黑死病后社会和经济的变化。他对于黑死病后经济变化的解释是基于牲畜和羊毛单独价格的指数而形成的，在这一时期，这两者的价格变动与谷物的变化非常相似。在芒罗看来，这正体现了货币变化是造成这一阶段经济变化的主要原因，如果人口是"真正的"影响经济的因素，那么消费方式的变化、牲畜和羊毛价格的变化应该比谷物价格变化偏高。为了描述黑死病后工资和物价的大概轮廓，芒罗认为1375年以后货币因素的增加使得谷物价格下降，环境的因素也导致了这样的趋势，而非人口的因素。

经济史家普遍认为，13世纪增长的地租表明人口在不断增长。地租和人口之间的关系也被用来作为人口增长的证据。基于同样的逻辑，地租的下降和土地价格的下跌证明了人口的下降。用于支付土地的价格在14世纪和15世纪的整个欧洲都处于长期的下降趋势。这些情况在瑞典、丹麦、挪威和德国西部都特别明显。[①] 英格兰土地价格的下降也非常明显，在 1400 年的时候兰开斯特公爵领地的地租已经开始下降，在 1400 年到 1475 年又下降了 20%，而且这位公爵比其他几位大公爵的情况还要好些，其他公爵的地租可能下降的更多。在诺福克郡福赛特的比戈德庄园，农场每英亩租金从 14 世纪 70 年代的 10.75 便士变成了 15 世纪上半叶的 8 便士，又变成 15 世纪下半叶的 7 便士。在萨默塞特郡格拉斯顿伯里地产和威尔特郡的土地租金在 15 世纪至少下降了 30%[②]。

三、景观

14 世纪早期，人口开始下降，尤其是在黑死病时期的 1348—1349 年，人口死亡率达到 40%—50%，人口的下降也促使农业和居民定居迈入了新的阶段。[③] 人口的收缩反映在了居住地和土地使用上，不断增长的对劳动力的需求加强了白垩土和非白垩土之间由人口变化所带来的差别。在白垩土上表现出的变化相对较小。敞田制下的佃农们相互交换着自己的条田，一些居住点被荒弃了，取而代之的是闭田制（Enclosed Fields）——在一些地区可耕地伴随着土地使用的减少而一起减少。在 14 世纪末 15 世纪初，在达莫汉（Damerham）优良的丘陵庄园，博尔斯伯里（Boulsbury）可耕地减少了几乎一半，从 188 英亩减少到 100 英亩。而另一个庄园托德（Toyd）庄园，人口减少到原来的 $\frac{1}{3}$，可耕地

---

① M. M. Postan, *Essays on Medieval Agriculture and General Problems of the Medieval Economy*, Cambridge, 1973：203.

② F. G. Davenport, *The Economic Development of a Norfolk Manor*, 1086 - 1565, Cambridge, 1906：60, 71.

③ John Hare, *A Prospering Society：Wiltshire in the later Middle Ages*, Universtiy of Hertfordshire Press, 2011：26.

也从 142 英亩减少到 50 英亩。①

　　白垩土上的景观表明了居民住宅区域的缩小和被荒弃的证据，这些村庄集中于索尔斯伯里埃文河的河谷区域。在埃文河谷，佃农数量的减少是可耕地上房屋减少的主要原因：在杜灵顿（Durrington），佃农数量从总人数 30% 下降到了 15 世纪末的 19%。非白垩地上的村庄收缩或荒弃的现象在这一时期也同样存在，② 但很难追溯其变化规模和变化的程度。这些地区的村庄变得越来越小，并且记录的资料也越来越贫乏，尽管也存在着相关的庄园资料和税收资料。但是可以肯定的是，在这类地区一些村庄荒弃的过程持续了许多年，直到后来才最终形成了一种有效的土地管理体系。③

　　由于人口下降直接导致村庄被遗弃也出现在一些案例中。在威尔特郡至少有 100 个以上的村庄被荒弃，占到了白垩土土质上所建村庄的 30%。其中的一些村庄被缩小了而并非完全被荒弃，因为在接下来几世纪的资料中仍然可以看到这些村庄的情况。④ 在邻近的多塞特（Dorset）地区，经常可以发现在河谷周边有被荒废的村庄，表明在这一带曾有居民居住。同样被荒弃的村庄在威尔特郡以外的白垩土地区也非常普遍。⑤ 由于对防水系统和防洪堤坝的忽略，草场和沼泽地受到了破坏，经过改良的牧场变回了粗糙的牧场，灌木和林地以及可以栽种的土地又回归到了荒芜的状态，这些都表明许多的低地村庄被荒废了。在密德兰

---

① E. Miller, *The Agrarian History of England and Wales*: *Vol. 3*, 1348-1500, Cambridge, 1991: 146.

② E. Kerridge, *Agrarian problems in the sixteenth century and after* (London, 1969): 165.

③ E. Kerridge, *Agrarian problems in the sixteenth century and after* (London, 1969): 165.

④ M. Aston, D. Austin and C. Dyer (eds.), *The rural settlements of medieval England* (Oxford, 1989): 109.

⑤ C Bruce M. S. Campell, *Land and People in Late Medieval England*, Ashgate Publishing Limited, 2009, Ⅵ: 11. Dyer, *Everyday life in medieval England* (London, 1994): 30.

南部地区有 $\frac{1}{10}$ 的村庄被以大农场代替之前混合经营的共同农场而消失了。混合农场的衰落也是一个逐渐的过程，通常发展程度比较先进的地区。相比 14 世纪，在 15 世纪，混合经营的农场受到的打击更为严重①。这种变化的过程促使领主们认为牧场的收益比耕种来得更好。这些领主也拥有权力让人口自愿或非自愿地离开土地。土地使用的方式已经发生了改变，尤其是在黏土地区，由于耕作的高投入和低回报使得领主让耕地转变为牧场，这种土地使用的转变也深深影响了农村地区人口的重新分配。

在这里需要强调的是，可耕地数量上的减少和村庄的荒废并不一定是由人口减少而造成的，还可能是因为中世纪晚期英国经济自身的发展。除去白垩土地区，家庭农业经济的发展也逐渐侵吞着小块敞田制下的土地，取而代之的是更为集中的农场。② 在白垩土地区，乡绅阶级把一些村庄逐渐归为一个家庭或一个农场。人口的减少使一些区域的村庄逐步缩小，并沿着白垩地的河谷逐步集中起来。这种衰落最早表现在居住的房屋和土地耕种的数量上，因为较大可耕领地上所需的劳动力不用长期提供强制性的工作。大块份地的合并速度也快于村庄衰落的速度。在丘陵地的高处地区，这种现象尤其突出。在河谷的村庄中，会出现严重的收缩现象，也改变了此前的农业方式。

四、女性地位提高

人口学家、社会和经济史学家以及女性历史学家对 1348—1349 年黑死病以后的英国女性地位的变化给予了高度的关注。学者们主要划分

---

① Bruce M. S. Campell, Land and People in Late Medieval England, Ashgate Publishing Limited, 2009, Ⅵ: 11.

② Kerridge, "Agriculture 1500-1793": 47-52.

为两大阵营：一些学者，如卡洛琳·M.巴朗（Caroline M. Barron）和 P. J. P. 戈尔德伯格（P. J. P. Goldberg），他们认为人口的危机导致了当时女性地位的提升；另一派学者，尤其是朱迪斯·M.贝内特（Judith M. Bennet），他认为女性地位相对于男性地位在 14 世纪和 15 世纪仍然保持着相当的一致性。① 他认为女性地位，并没有比此前提高，反而与以前一样低。在争论中有学者认为，城市和乡村妇女拥有中世纪晚期的"黄金时代"，他们认为作为人口剧烈下降的结果，劳动力的需求增大，女性和其他非熟练工人一起，可能从通货膨胀的工资中获得不同比例的好处，如罗杰斯所言"劳动力的缺失使得较为便宜的劳动力变得最为昂贵"②。女性经济实力的增强使她们获得在当时社会和政治上较宽泛的自由。她们可以去农村旅游，可以迁往城市，可以推迟结婚，甚至在某些地区可以不婚。但是，尽管存在这样的自由，正如贝内特所指出的那样，妇女继续在低收入的职业中工作，她们占据着最低的等级，如工业中的酿酒业，她们被完全排除出在商人行会之外。她还认为，女性在黑死病以后的地位比人口危机之前反而受到更传统的束缚。但是"黄金时代"的争论远没有结束，许多资料仍包含着关于瘟疫后英国女性地位提升的内容。

① 参见 Caroline M. Barron, "The 'Golden Age' of Women in Medieval London", *Reading Medieval Studies*, xv（1989）; P. J. P. Goldberg, *Women, Work and Life - Cycle in a Medieval Economy: Women in York and Yorkshire*, c. 1300 - 1520（Oxford, 1992）; Judith M. Bennett, "*Medieval Women, Modern Women: Across the Great Divide*" in Ann-Louise Shapiro（ed.）, Feminists Revision History（New Brunswick, 1994）。

② James E. Rogers, *A History of Agriculture and Prices in England*, 7 Vols.（Oxford, 1866-1902）, i: 202.

　　"黄金时代"争论中，英国的女性工资与男性工资在瘟疫后变得更为接近是争论的核心点。中世纪晚期的乡村工作者分为不同的人群。在收获和割晒牧草的时候劳动力需求紧张，几乎每个人的工作都是有价值的。在 14 世纪晚期劳动力短缺的时候，老人、孩子、残疾人和妇女都被召集起来进行劳动，因此他们有机会挣得工资。那些试图引用女性和男性来表明工资上平等的做法，既没有对拿工资的劳动力结构进行充分了解，也没有考虑到非典型的例子。在那些靠自己能力拿工资的例子中，女性在瘟疫后所受到的对待其实更为黑暗。

　　关于男性与女性在黑死病后工资水平是否相同的争论最早出现在 19 世纪晚期。在对庄园档案中的物价和工资研究时，索罗尔德·罗杰斯（Thorold Rogers）数次认为女性工资在黑死病以后翻倍，在中世纪晚期在类似的工作上女性与男性获得的收入相同。[1] 但是女性并不是索罗尔德·罗杰斯（Thorold Rogers）研究中主要关注的对象，他认为中世纪妇女主要从事种植豆类、收集碎桔、辅助盖屋匠或砖瓦匠的工作，他更关注于"英国劳动力"地位的变化（主要是指男性）。他并没有举出例子来表明女性和男性有同样的工资，也没有列出具体的数据。

　　20 世纪 50 年代贝弗里奇勋爵认为在中世纪晚期女性和男性的工资是相同的，他提出的理论基础是他对威斯敏斯特庄园案卷的研究。如同索罗尔德·罗杰斯一样，贝弗里奇勋爵认为中世纪女性在工作中很少从事重体力活和收入颇高的工作。但与索罗尔德·罗杰斯不同的是，他并不认为是黑死病导致了工资的均等，他认为女性和男性在黑死病之前就形成了工资均等。贝弗里奇勋爵举出了七个男女收入均等的例子，包括在伊伯里（Ebury）、海德（Hyde）和奈特布里奇（Knightbridge）这几个庄园中，女性工资比得上男性工资，可这样的例子在瘟疫前就存在五

---

① Thorold Rogers, *A History of Agriculture and Prices in England*, 7 Vols. (Oxford, 1866-1902), i: 281.

个，只有两个例子出现在瘟疫期间和瘟疫后，一个发生在1348年，一个发生在14世纪70年代。①

第三位将女性工资与男性进行比较的是希尔顿（R. H. Hilton），1973年他在福特的讲座上分享了他有关英国农村妇女的开创性研究。希尔顿认为，女性通常受雇于和男性相似的工作，有时看上去也获得同样的报酬。在1380年，在米奇汉普顿（Minchinhampton，格洛斯特郡），一些女性收割者和装运工每天的报酬是4便士，与男性工人的报酬一样。在同一年，7位靠近埃文宁（Avening）庄园的女性屋瓦匠助手每天的报酬是3.5便士，与另外两个不知性别的屋瓦匠助手工资一样（希尔顿认为很有可能是男性）。② 但希尔顿对大范围内是否男女报酬一样持谨慎态度。对庄园里全职的女性仆人，如挤奶女工，他认为比男性仆人的报酬要低。

贝弗里奇和希尔顿所举的例子表明使用庄园财政档案来比较男性与女性工资是有一定难度的。尽管工资的信息通常都记录在庄园账户中，但男女个人的收入却很少详细说明。工资通常以总收入的形式进行记录，这使得庄园财政档案无法确定所有工人是否每个人都获得相同金额的报酬。通过比较，个体在跨年和跨庄园的工资率也是有问题的，无论是在瘟疫前还是瘟疫后，工资率（即单位时间内的劳动价格）在每一年、每一季节、每一地区都相差很大。③

1987年，西蒙·A. C. 佩恩（Simon A. C. Penn）针对收获季节的男性、女性雇佣情况和报酬率提到一个新颖而充分的证据——《劳工法令》的控诉状。《劳工法令》是针对黑死病后经济发生了变化而对受雇

---

① Lord Beveridge, "Westminster Wages in the Manorial Era", Economic History Review, 2nd ser., viii (1955-6), 34, p. 34.

② R. H. Hilton, The English Peasantry in the Later Middle Ages (Oxford, 1975): 102-3.

③ Hatcher, "England in the Aftermath of the Black Death": 23.

者所采取的措施，为的是阻止工人获得比瘟疫前更高的工资。佩恩运用判决法官和治安法官的控诉状来表明，在黑死病后女性和男性一样经常加入农村周围的收获工作中，为的是获得更高的收入。同样他认为女性收割工人获得的报酬与男性工友一样。"许多女性收割者在黑死病后的几年内并没有表现出在获得的工资上受到了的歧视。"他认为，《劳工法令》的控诉状表明："基于劳动者性别的工资率从未有过不同……这也明确表明无论实际工作如何，女性的报酬与男性相同。"①

佩恩的观点与之前的人口学家和历史学家所认为中世纪晚期女性处于一个地位暂时上升的时期或处于黄金时期的观点是一致的。佩恩认为女性收入在瘟疫后的上升，支持了戈尔德伯格所形成的解释英国人口并未迅速恢复的理论。戈尔德伯格认为，在黑死病后女性"在经济角度上获得了自由"，因此她们可以推迟结婚年龄，甚至是维持单身。由此，出生率下降，人口停滞。戈尔德伯格认为在15世纪末16世纪初人口趋势发生了转变，人口又开始增长。② 巴朗（Barron）认为，伦敦妇女在中世纪晚期经历了"黄金时代"，她们与男性拥有同样的机会，直到16世纪经济状况又重新受到限制。③ 佩恩认为女性和男性在收获季节中享有同样的报酬，这与巴朗认为女性地位的重要性是一致的——如果仅靠黑死病来提升，那么这种观点也将流入传统的存有偏见的历史观点中。④

---

① Simon A. C. Penn，"Female Wage‐Earners in Late Fourteenth‐Century England"，Agricultural History Review. ，xxxv（1987）：8-9.
② Goldberg, Women, Work and Life‐Cycle in a Medieval Economy：7.
③ 参见 Barron, Golden age of Women in Medieval London。
④ Rigby, English Society in the Later Middle Ages：254.

　　但是，佩恩对于《劳工法令》控诉状的使用和对庄园案卷的早期解读存在许多的问题。与贝弗里奇和希尔顿一样，佩恩发现一些女性表面上和男性获得同样多的报酬，他的证据来自一些逸事。例如，他所给出的"12 个女性劳动者与男性劳动者挣得的日工资一样"的结论并没有将个体融入集体之中去考察。佩恩的例子很有可能将男性收获者的人数和女性收获者的人数重叠了，所以很难体现出他们工资的均等。

　　东赖丁地区的调查表明中世纪晚期约克郡收获时的劳动力结构是高度统一的，而这种结构与性别结构也基本统一。但是这种分层的结构也表明了性别并不是决定工资的唯一重要因素。正如佩恩认为男性和女性劳动者在有些时候获得同样的报酬。例如，1 位男性收割者每天的报酬是 3 便士，21 位女性收割者平均下来的工资也是 3 便士；而另一群人中，4 位男性和 19 位女性收割者获得了相同的报酬——每天 4 便士。[①] 在未进行具体分工的秋天，男性和女性工资的差别更小，大概来说女性收获者的工资是男性的 98%。

　　有两个因素可以解释一些女性和男性工资所表现出来的相同。在和平时期个体相同的工作方式是一致的，因此男性和女性的工资差别是可以忽略的。其他不同相同工资的例子可能是因为约定工资的差异，可能一些劳动者因为年龄或身体状况会比同样性别的人拿的工资少。收获时节的工人通常是成群结队地工作，有时包含同一家庭的成员，他们的劳动是作为一个整体而被支付报酬的。庄园档案可以证实这样的做法，工资的支付是以集体名义记录的，而非以个体的名义。[②] 陪审员通过将集体的工资除以人数来获得个体的工资数量，即使在这一集体中每个人的

---

① Sandy Bardsley, Women's Work Reconsidered: Gender and Wage Differentiation in Late Medieval England, Past & Present, No. 165 (Nov., 1999): 18.

② H. S. Bennet, Life on the English Manor: A Study of Peasant Conditions, 1150 - 1400 (Gloucester, 1937): 83.

工资都不是均等的。东赖丁地区的证据表明了在庄园档案的记录中，收获工人中女性的部分工资可能被高估了。在一个集体中，男女混合的情况下，女性的工资会比那些只有女性的集体要高。女性收割者与其他女性一起工作平均每天的报酬是 3.3 便士，据估算这只是与男性一同工作的女性劳动者工资的 73%。①

事实上，黑死病使女性获得了解放，她们认为自己参与到了男人主宰的经济中。许多女性仍在布料纺织准备阶段中的非技术和低薪的工种中工作，她们看上去渴望提高自己在纺织工艺中的地位。由于妇女们从事的是传统劳动，如除草和收割。她们渴望获得更高的工资，就像男性劳动者一样渴望缩小他们与熟练工人之间的差距。妇女们努力提高了自己的报酬，但仍很少能获得像男性一样的报酬。在一些传统劳动中，女性仍会受到排挤，例如金属加工这样需要重体力的工作。琼·爱德维克（Joan Edwaker），她是牛津郡艾恩汉姆（Eynsham）的一位已婚妇女，在 1389 年时驾驶了一辆由两匹马拉的马车——这一工作通常是男性的工作，在她去世后，经验尸官验明她是从车上摔下来而死的，因此得知了她的职业。城市总是会为妇女提供更多的工作机会，有时她们自己也可以从事生意，尤其是卖食品和饮料，有时她们作为丈夫生意或工艺的帮手。她们的角色离不开"家庭"生意，尤其是当丈夫去世时，寡妇接替丈夫的生意，这也表明她们已经获得足够多的经验和技能。

妇女们在经济上获得了更多的权利，不仅是作为寡妇可以接替丈夫的土地（拥有部分或完全的权利去接替死去丈夫的土地，以维持她们独立的生活），同时妇女们也是自己丈夫的联权所有人，这样也给了寡妇在守寡期间更多的土地权利。女性所获得的成就似乎非正式一些，她们通过经验来获得技巧，通常是无法作为学徒去学艺的。她们以自己的

---

① Sandy Bardsley, Women's Work Reconsidered: Gender and Wage Differentiation in Late Medieval England, Past & Present, No. 165 (Nov., 1999): 22.

方式来进行交易，但当她们酿的酒售价过高而受到处罚时，她们的丈夫则会出现在记录中。而事实上这些酒是妻子们酿造的，酒馆也是妻子们来经营的。所有的女性手工艺者、丝织者都有了一定的发展，尽管从事织丝的女性都集中在伦敦的一些组织中，但她们并没有形成一个类似于男性主导的行会那样的组织。

女性的贸易者们获得了更大的自由，摊贩们通常在周一的集市上出现，但也在其他日子出现。① 女性在中世纪各个时期都是零售者，尤其在食品和饮料方面。作为旅馆的主人，女性们在贩卖酒的行列中参与得很广泛。但是，由于规模小，利润也是非常少的。在1377年贸易不稳定的状况下，女性伊萨贝拉可能是靠卖肉布丁为生的——她受到了惩罚，因为她的儿子在收获的季节偷取了什一税。② 即使小规模售卖食物，男性主导地位也被冲破了。伊萨贝拉·卡彭（Capon）是个厨师，她在1410年被庄园法庭记录了，理由是她售卖了已经变质的烤牛肉，正如她所说，她"丢失了良好的名声"，责怪她的男性供应商——约翰·科特斯（John Curtesy）（他是位屠户）。③

除了经济活动，中世纪英国妇女凭借她们合法财产权利享受到了一定程度的独立。在中世纪晚期，妇女们在手工业和贸易中体现出了与男人同等的地位。与此同时，女性特有的气质，使她们在不同时期有不同的价值，也使她们扮演着与男人不同的角色。例如，圣母升天协会的女性成员，每一个成员都承担着特殊的责任，即"保护和关爱"。教区教堂中的"圣玛格丽特的圆环"，是她们在婚礼的时候围在头上的头巾，

---

① Cf. Hilton, "Women Traders in Medieval England" in Class Conflict and the Crisis of Feudalism: 205.

② Gervase Rosser, *Medieval Westminster*, 1200-1540, Clarendon Press, Oxford, 1989: 198.

③ Gervase Rosser, *Medieval Westminster*, 1200-1540, Clarendon Press, Oxford, 1989: 198.

这也被认定是生育的标志。所有的这些都体现出了女性地位的逐步提高，但这种提高也是相对的。总体来说，相对于男性而言，她们的经济地位还是处于弱势。

五、政策变化

黑死病导致了人口的减少，使得雇佣工人的工资上涨，于是《劳工条例》（1349年）和《劳工法令》（1351年）出台，要求雇主提供的工资不能超过黑死病以前的水平；条例和法令也有对拒绝参加劳动的相关惩罚规定。例如，就有一位仆人拒绝履行一年的劳动期，还有人在劳动合同完成之前就破坏劳动契约，私自离开。《劳工条例》拒绝施舍物品给那些有劳动能力的人，所以他们不得不去劳动。1388年的《剑桥法令》重新定义了这些法律条例，关注的重点是那些正在考虑是否寻找工作的人，这些人希望从事文件传送的工作或者从事乞讨者之类的工作，这样可以使他们待在原来的地方。这些法令由当地的贵族来推行，后来出现了指派的劳动法官。随后又有了和平法官，他们对当地的法律和规章的执行情况负责。

但是《劳工法令》的公平仅停留在一个肤浅的层面，雇主和雇佣者都含有不满的情绪。后来这些法令并不仅是贵族在执行，许多当地的人也参与到执行法令的过程中。1363年的《节约法令》并没有实施，表明议会在某种程度上受到了挫折。因为这一法令主要处罚"过度的穿着"（奢侈的服饰），并且规定了在服饰和配饰上的最大花费。比如农业仆人（如耕地者和放牧者）不允许穿着超过12便士每码的衣服。这项立法无法执行主要是受到制成品价格上涨的影响。另外一个动力，在当时的文学作品中也清晰地显现出来，社会阶层的标志衣着不再具有以前的意义。如果穿丝织衣服，身上系银扣，鞋子里是皮衬里，在以前只会被认为是骑士或者是大地主；如果商人或是小贵族穿成这样，则会被认为是挑战了贵族阶层的特权。而《节约法令》一旦执行，就会造成各阶层衣着的混乱，阶层之间将无法辨别。

《劳工法令》的措施是政府以新的方式介入经济之中。在黑死病以前，法令主要维持法律和社会秩序，规范商人的债务或者酬谢国王对经济的支持，例如给予市场的特许状，或者用经济手段来提高国家的税收，如爱德华三世对羊毛的垄断。在黑死病以后，统治集团用法律的力量明显地保护有钱者的利益。其中最重要的一个发展是加强了当地贵族的地位，加强他们地位的职责和权力。贵族以下的社会阶层认为该法令缺乏公平，也进一步强化了中下阶层通过土地利润来认同身份。

地主也受到了劳动法令的影响，他们的私人法庭采取了相应的措施。当地的法官执行劳动法令时，封建贵族的等级特权体现在了庄园中。在黑死病后，庄园法庭的收益增加了，可是佃农数量大规模下降。假如佃农让他们的牲畜在份地上走动，或者佃农没有很好地履行自己的劳役。每一个违法者都会受到 3 便士、4 便士或者 6 便士的处罚，有一个大庄园在年底的处罚总金额达到了 5 英镑到 10 英镑。在一些庄园，每一个农民需要交给法庭的税是 1348 年前平均的两倍。同样领主法庭对逃避税收或者破坏政府的人都会给予强制惩罚。如果被奴役的女性在未交税的情况下结婚了，或者如果佃农卖掉了土地没有通知法庭或者没有交税，或者他们让自己的房屋成为废墟，法庭都会处罚他们。尤其对逃税的人，法庭会让他们交额外的罚金。农民或者手工艺者在庄园中接受公共的管理，他们成为庄园的一员，能够与周围的邻居关系和睦，他们有义务为领主服务。许多人对庄园法庭也表现出了反抗，如诺福克郡小巴顿的托马斯·加德纳在 1380 年拒绝发誓，他甚至这样做了四次。在埃塞克斯郡和诺福克郡，有些时候领主和佃农之间的摩擦成为佃农联合抵制法庭的一部分原因。

总之，这一时期是人口的衰落和停滞阶段，也是"人口效应"特别突出的阶段。人口衰落带来的最直接后果是人口的结构发生了变化，但人口衰落带来的也并不一定是消极的结果，它相对提高了女性的地位，让劳动者的工资有了提高。尽管政府采取了一定的措施来抑制劳动者的过高工资，但事实上，劳动者的生活状况还是得到了好转。因此，人口的衰落与停滞从某些角度讲也产生了积极的影响。

第五章

15世纪末至16世纪初：人口的恢复

许多历史人口学家认为，中世纪人口体系中存在着"高压"状态，而英国近代政权的管理体制处于一个"低压"状态。本尼迪克托认为中世纪人口死亡率而非出生率是影响人口的主要原因。他认为，中世纪预期寿命在20—25岁，年死亡率接近5%，女性结婚的年龄在15—20岁，很少有女性不婚。而近代早期的人口特点为预期寿命在30—35岁，年死亡率为3%，女性的初婚年龄大约为25岁，有10%—20%的女性不婚。由此，他认为中世纪独特的人口体系直到16世纪早期才开始发生转变。①

15世纪末16世纪初人口的恢复，并非指英国人口步调一致的恢复。在某些地区，这一时期的人口并未恢复反而还在继续下降中。亚当斯（Adams）认为城市人口在1270—1530年并非都是普遍下降的，人口的主要下降集中于1420—1530年。② 而在15世纪和16世纪早期的时候，约克的人口从1.2万人下降到8000人，考文垂的人口从1万人下降到1440年的7500人，到1523年下降到6000人。③

---

① Mark Bailey and Stephen Rigby, Town and Countryside in the age of the Black Death: Essays in Honour of John Hatcher, Brepols Publishers n. v. , 2012: xxi.
② Charles Phythian-Adams, Urban Decay in Late Medieval England, in Philip Abrams and E. A. Wrigley (eds.), Towns in Society (Cambridge, 1978): 159.
③ Charles Phythian-Adams, Urban Decay in Late Medieval England, in Philip Abrams and E. A. Wrigley (eds.), Towns in Soceity (Cambridge, 1978): 169.

第一节　人口恢复的主导因素

一、商业化发展

在 20 世纪 80 年代和 90 年代，商业化的思想运用于中世纪人口的研究中，也用来对以前所流行的人口资源论的一种驳斥。商业化最明显的时期是 13 世纪。在这一时间段，城市的规模和数量都有很大的增长，地租由实物转变成现金，金钱的使用范围进一步扩大。地主和农民的产品都用于销售，土地市场在农村很活跃，尤其是在英国的东部。①

在 1349 年以后，商业活动不可避免地减小了，交易数量减少了，对基础食物的需求（如谷物）也减少了。一种可能是在 1495—1520 年商业或是停滞了，或是倒退了。但地租仍然是用现金来支付的，许多农产品直接面向市场。产品的专业化程度甚至提高了，如伯明翰——它以刀片而闻名英国。②

在 1495 年，尽管市场数量减少了，城市规模也缩小了，但英国社会仍保持其商业化的特色。不少在城市记录中消失的市场在农村中仍然保存，只是不是特别繁荣。规模较大的城市，良好的市场仍然存在。大多数城镇也受到了城市衰退的影响，导致超过一半的人口流失。东部沿海的港口受到了羊毛出口量下降的影响，温彻斯特这样大规模的城市也受到了很大的挑战，约克也面临着小型城市布料制造业的挑战。莱斯特

---

① Christopher Dyer, A Country Merchant, 1495-1520: Trading and Farming at the End of the Middle Ages, Oxford University Press, 2012: 14.

② C. Dyer, Small Places with Large Consequences: The Importance of Small Towns in England, 1000-1540, *Historical Research*, 75（2002）: 18.

郡的市镇在物价偏低和产量减少的时候，农村地区的谷物种植却增加了。① 但在 1526 年城市和农村相互依赖的关系表明了是对"城市摧毁"观点的误解。城市的市民——尤其是工匠、商人、小商贩和粮食供应者，为农民提供了生活必需品，而农村人口的下降会导致城市人口生计的丢失。在这里没有必要谈论"逆城市化"和其他可能的灾难，因为从 1348 年到 1495 年整个时间段都经历了人口的减半。城市人口的数量与 13 世纪的人口数量相当。在英国社会中，大约 $\frac{1}{5}$ 的人口居住在城市中（在前现代化的经济中），并没有遭受城市衰退或是商业倒退的影响。②

值得关注的是，并不是所有的城市都遭受了严重的人口损失。伦敦在城市的发展史中占有非常重要的地位（包括萨瑟克区和威斯敏斯特的郊外），伦敦的人口在 1500 年左右超过了 6 万人，应该是 1300 年规模的 $\frac{3}{4}$。③ 到 1495 年，羊毛和呢布的对外贸易很大一部分集中于伦敦，这使传统的贸易者获得了更多的财富。同样伦敦也掌握了许多进口的物品，这又使得它吸引了来自各个地方的商人。伦敦也是一个工业中心，工匠们可以在这里生产出许多高质量的产品，如托马斯·阿伦（Thomas Alen）的椰子杯，巨大的管铜乐器和铃铛在教堂中也依然可见，甚至包括格洛斯特郡的教堂。④ 伦敦还是法治教育的中心，各地贵族们将自己的儿子们送到伦敦学习——这些学校甚至吸引了密德兰的孩

---

① A. Dyer, *Decline and Growth in English Towns*, 1400-1640, Basingstoke, 1991：278.

② S. H. Rigby, Urban Population in Late Medieval England：The Evidence of the Lay Susidies, Economic History Review, 63（2010）：407.

③ C. M. Barron, *Lodon in the Later Middle Ages：Government and People* 1200–1500, Oxford, 2004：238.

④ M. Norris, *Monumental Brasses：The Memorials*, *I*, London, 1977：133.

子们。

许多的城市也避免了黑死病以后可能带来的衰退。科尔切斯特和考文垂的呢布制造业，在人口减少时仍然在扩张中，尽管它们的扩张并不是连续不间断的。尤其是在考文垂，整体而言在16世纪的前15年遭受了严重的损失，但一些小的城市却没有遇到这样的问题，例如在德文郡的中心区域，包括蒂弗顿在内。城市和它的腹地由于克尔塞呢布料的制造业而变得繁荣，根据史料记载一位富裕的布料制造者约翰·格林威就由此变得更加富裕便是极佳的证明。在一些新城市，布料制造业得到了发展，却在"新城市运动"（即19世纪时，英国通过新城建设来摆脱拥挤不堪的城市生活）时完全停止了，科尔切斯特郡的粗呢布料就是典型例子。①

乡村地区拥有自己的商业生活，因而城市并不是所有买卖行为的集中点。非官方和非正式的市场，在1500年左右的买卖通常是在生产者和购买者之间直接协商进行的，地点或是在农场门口或是在旅馆进行。② 农村的麦芽酒，以及一些小规模的面包、肉类和蜡烛都是由零售商来售卖的。土地销售的交易以及劳动力雇佣的减少，主要体现在私人方面。1500年左右的农村，需要以有效的方式将产品运输到市场或是将货物运到购买者手中，比如委派村庄的小型委员会对道路进行看管。最明显的迹象表明，乡村地区的商业繁荣来自乡村的布料制造业。纺织工人、织布工人和漂洗工、理发工、染工和呢布商居住在德文郡、萨默塞特郡和西南的威尔特郡、西伯克郡和南格洛斯特郡或更偏东地区，或在肯特郡东南部、埃塞克斯郡和东盎格利亚的农村和小村中。在北部的

① Christopher Dyer, *A Country Merchant*, 1495–1520: *Trading and Farming at the End of the Middle Ages*, Oxford University Press, 2012: 16.

② C. Dyer, "*The Hidden Trade of the Middle Ages: Evidence from the West Midlands*", in Everyday Life in the Middle Ages, London, 1994: 303.

农村，约克郡的西赖丁地区、兰开夏郡和湖区的呢布制造业非常繁荣。英国的一些地区，如萨福克郡的西南部，超过 $\frac{1}{3}$ 的人口是非农业人口。如此多的呢布制造者刺激了当地的食品生产，呢布制造地区显示出了经济的繁荣，这些都是可以通过税收评估比较得出的。利润转移到呢布制造者的手中，这是因为具有商业精神的人整合布料产品，然后出售这些呢布。[1]

　　1515—1520 年的锡矿产量自 12 世纪有记录以来达到了最高的水平，在 1521 年价值超过了 200 万磅，[2] 锡矿产量大部分是用来出口的。白蜡的出口在 15 世纪中叶达到了顶峰，白蜡在英国需求很大，许多农民家庭都拥有一些白蜡盘子和碟子。煤炭工业在农村的许多地方也很繁荣，在 1508—1511 年，纽卡斯尔煤炭的年产量达到了 4 万吨，产量中的许多直接供应给了伦敦。[3] 威尔德的铁矿工业在这一时期比较活跃，在 1496 年出现了新的工艺，例如在苏塞克斯郡的高炉的出现。[4] 英国第一家造纸作坊靠近赫特福德郡，根据记录大概是在 1490 年建立，对于以伦敦为基础的印刷产业扩张更是起到了推动作用。[5] 产业的商业化也需要新的技术。羊毛贸易的衰落曾被认为是一种灾难，羊毛产量的再次增加则归功于呢布制造商，生产者们把用于出口的原材料加工制作成精美的产品供应给欧洲大陆，这也表明了英国经济在全球经济中的地位。

　　经济生活的扩张是因为消费需求的增长。消费的增加通常认为是在 18 世纪，但实际源自中世纪晚期。一些早期的证据表明，家庭拥有玻

---

①　E. M. Carus-Wilson and O. Coleman, *English's Export Trade 1275-1547*, Oxford, 1963：49.

②　John Hatcher, *English Tin Production and Trade before 1550*, Oxford, 1973：157.

③　J. Hatcher, *The History of the British Coal Industry*, 1, *Before 1700：Towards the Age of Coal*, Oxford, 1993：486-487.

④　H. Cleere and D. Crossley, *The Iron Industry of the Weald*, 2nd edn. Cardiff, 1995：117.

⑤　D. C. Coleman, *The British Paper Industry 1495-1860*, Oxford, 1958：40-41.

璃窗大约是从 1500 年开始。在这一时期，还记录了从莱茵兰地区进口陶瓷作为喝水的器皿。① 通过观察一个约曼的消费行为来可以反映当时的经济情况，1506 年亨廷顿郡的圣尼茨约翰·安德鲁，他有 86 只羊、13 头牛、2 匹马，他的农场不是很大。但安德鲁的屋内物品包括价值 13 先令 4 便士的床罩，1 只保暖锅和 8 块白蜡。他拥有高品质布料做的衣服，特别是一件进口羔羊皮做的黄褐色的长袍。另一件同样颜色的长袍是用绸缎做成的，衬里是用紫色的布料做成的。保暖锅是用来保持肉类温度的，它应该出现在贵族的大厅里。他的羔羊皮和绸缎的长袍表明他是一位拥有地产的阶层。他的生活水平已经接近于 1510 年和 1514 年通过的《禁止奢侈法令》所规定的极限。②

15 世纪流通的现金数量减少了。欧洲的银矿停止了产出——这些珍贵的金属流向东方用于购买辣椒和丝绸。但是英国的物价紧缩并不能表明全球的物价紧缩。在 1495—1520 年，越来越多的银矿在欧洲大陆被开采，金币由西亚的金属来进行补充。同样还有一个有关金币的问题，因为货币在供给中的短缺，交易通常使用赊账，但赊账的总额弥补得很慢。因此，信贷看上去在 1490 年以后的可用性似乎是不断增加的。总之，商业化给了一种非常有效的视角来构建当时的社会，由于这种方式的帮助，使我们认识到了这一时期的动态因素，纠正了相对静态人口中所包含的萧条经济的印象。

二、稳定的政治环境

这一时期政治环境的稳定，主要体现为英国国内的新政权建立起

---

① D. D. Andrews and G. Milne (eds.), Wharram: *A Study of Settlement on the Yorkshire Wolds*, *I*, *Domestic Settlement*, *Areas 10 and 6*, *Society for Medieval Archaeology*, Monograph Ser., 8, London, 1979: 73.

② M. Hayward, *Rich Apparel: Clothing and the Law in Henry VIII's England*, Farnham, 2009: 37.

来。随着百年战争和玫瑰战争的结束，英国国内的政治环境得到了稳定，英国的政治制度也从此进入了稳定过渡时代。都铎王朝的建立使得政治趋于稳定，尤其是亨利七世所采取的政策，一方面压制了威胁到王位的潜在敌人；另一方面，他通过政治上的联姻巩固了自身实力——在玫瑰战争中势不两立的两个家族联合起来，增加了都铎王朝的合法性。随后的亨利八世，尽管未像其父那样大开杀戒，但也采取了若干措施，使王权进一步巩固。

首先，在对外战争上，都铎王朝早期的战争数量有了明显的减少。除了在1492年，亨利七世对外进行了一场短期的战争，① 而针对苏格兰方面所采取的态度也是先礼后兵，试图将不必要的战争减至最少，而将议会所拨的战争费用节约下来。

其次在经济上，亨利七世及亨利八世大量扩充国家的经济实力。亨利七世即位后，在镇压敌对分子后，一方面将敌对分子的领地和财产并入王室，王室领地在亨利七世时期扩大了60%。② 另一方面，他以各种名目征收钱财，例如，对任职的官吏如果表现不佳要进行处罚；对于商人，若是走私货物也将受到处罚；如果农民触犯了森林法，也难逃处罚。这些都增加了当时国家的收入，成为国家稳定的基础。

最后在宗教上，亨利八世时期与罗马教廷彻底决裂，开启了英国的宗教改革。英国的宗教改革，一大部分原因是为了维护国家的独立和主权。就全世界范围而言，罗马教廷是一个超国家的国际宗教组织，它的触角往往深入西方的国家内部——不仅是在宗教上，同样在国家的政治和主权上，也对欧洲各国进行了干涉。就英国具体而言，英国的教会是国际天主教会的组成者之一，是限制王权的主要力量之一。在经济上，教会占有全国大量的土地，并享有一定的经济特权，这使得它的收入远

---

① 阎照祥：《英格兰政治制度史》，北京：人民出版社2012年版，第98页。

② S. J. Gunn, Early Tudor Government, 1485-1558, Macmillan, 1995: 25.

在王室的收入之上。此外，许多的高级教士还是宫廷会议和议会上院的成员，在文化和司法领域有自己的特权。所有的这些状况都使得国王感觉到宗教对整个国家稳定性的威胁，而罗马教皇拒绝亨利八世的离婚要求则成为英国宗教改革的导火索。除此之外，自15世纪开始，受到文艺复兴和宗教运动的影响，英国民众的民族意识也逐渐增强，为英国的宗教改革提供了良好基础。

总之，基于以上多种原因，英国在16世纪初进行了宗教改革，宗教改革为英国王权的加强和民族意识的进一步觉醒提供了强有力的支持。这两者的加强对于人口发展来说，为人口提供了更为稳定和适宜的发展环境，为人口的恢复和发展夯实了基础。

政治环境的稳定，为英国人口的恢复和发展铺平了道路，同时在人口恢复后的发展上、政治上的稳定也提供了良好的保障。

三、瘟疫和疾病减少

英国人口在14世纪初开始下降，导致这种下降的重要原因之一是瘟疫和疾病。相比15世纪末，在此之前的英国瘟疫和疾病发生的次数也较多。英国在1315—1317年和1348—1349年两次大的瘟疫危机之后，其余时间仍有诸多的瘟疫和疾病伴随。黑死病以后，1369年、1375年和1390年都发生了广泛的瘟疫。[1] 在伊利修道院，1458—1459年经历了"巨大的死亡率"。在1421年瘟疫传播到了诺森伯兰郡、坎伯兰郡和威斯特摩兰郡。有关坎特伯雷僧侣的死亡率调查也表明在15世纪的上半叶，僧侣的死亡率有一定的上升，这种上升正是由于瘟疫和疾病所导致的。通过对东盎格利亚的文学作品以及对遗嘱的分析可以得

---

① J. M. W. Bean, Plague, population and economic decline in England in the later middle ages, Economic History Review, 2ⁿᵈ ser. xv, 1963: 427.

出，在这一地区疾病是导致死亡的重要因素，相比其他因素疾病对人口的影响更为频繁。① 在黑死病后，除了疾病和瘟疫暴发的频率高以外，与其相关的死亡率也颇高。在 1361—1362 年、1369 年、1375 年的瘟疫中，尽管死亡率比黑死病低了不少，但这几个时期的死亡率仍是 14 世纪上半叶平均死亡率的 4.5—6.5 倍。

相比之下，15 世纪晚期到 16 世纪末的瘟疫和疾病暴发的次数却减少了不少。但这也并非表明在这一时期完全不存在瘟疫或疾病。在 1485 年，英国暴发了汗热病，病因至今不详，但它却导致了死亡率的上涨。城市比乡村受汗热病影响更为严重，暴发次数也更为频繁，尽管乡村人口也遭受到了这些疾病的迫害。在这些危险的时候，人们开始为自己的安危担忧，他们为了躲避疾病而远离在疾病中的大城市。在流行病中的每一个人都极有可能受到感染，传染病在数月内使得人口大量死亡，此外还要受其他经常存在疾病的威胁，如肺结核等。但是就大规模疾病发生的频率来说，在黑死病以后到 15 世纪末，这些疾病发生的频率相当高，有些地方的时疫也是接连不断的。但从 15 世纪末到 16 世纪初来看，大规模疾病暴发的频率大概是 10 年一个周期，相比此前来说，周期较长。此外，从疾病的复杂性来说，15 世纪末 16 世纪初影响最大的汗热病的病原至今仍是个谜。它的暴发也充满了传奇性，这种疾病在英国暴发过几次以后便绝迹了，并不像之前的那些疾病具有长时段复发的可能。另外，汗热病的宿主主要是人，相比其他疾病宿主既有人，又有老鼠、跳蚤等，它的传播的范围还是有所缩小的。总体来说，15 世纪末 16 世纪初存在着瘟疫和疾病，但这种瘟疫和疾病与之前相比，无论是数量还是破坏性、传播性都是有所减少的。

① J. Hatcher, Mortality in the fifteenth century: some new evidence, Economic History Review, 2nd ser. xxxix, 1986, p. 28.

第二节　人口恢复的影响力表现

一、物价上涨

物价水平通常由三方面因素决定，即流通媒介（货币）、流通速度和流通数量。[1] 19世纪末20世纪初，史学家们倾向于强调"流通媒介的增加"是促进16世纪物价增长的主要原因。但随后史学家们的关注点又集中于现存供应的减少。第一种理论的追随者认为，不断增加的货币循环和降低的货币价值是由于欧洲贵金属增加和金（或银）货币中金属含量的减少，从而使得货币循环增加而导致通货膨胀。第二种理论认为货物的供与求主要是由人口增加所导致的，人口的增加使得需求增加，超过了产品增加的数量。他们的理论依据主要集中于实际物价的增长比弹性工资和货品上涨的速度要快。

若要对15世纪末16世纪初物价进行考察，由于这段时间并没有太多的资料留存下来，因此广大学者研究的主要依据是藏于伦敦大学历史研究所副楼的贝弗里奇爵士有关物价和工资的书籍[2]，还有索罗尔德·罗杰斯（Thorold Rogers）的书[3]以及其他相关的资料。

物价在15世纪下半叶开始增长，到16世纪中叶增长得更加迅速。

---

[1] Y. S. Brenner, The Inflation of Prcies in Early Sixteenth Century England, The Economic History Review, New Series, Vol. 14, No. 2 (1961)：225.

[2] Sir W. Beveridge and others, Prices and Wages in England from the 12th to the 19th Century (London, 1939).

[3] J. E. Thorold Rogers, A History of Agriculture and Prices in England from the Year after the Oxford Parliament 1259 to the Commencement of the Continental War 1793 (Oxford, 1866-1902), and Six Centuries of Work and Wages (London, 1894).

若将 1451—1475 年作为一个基础标准，可以发现组成食品的单位价格和工业品的价格在 1450—1510 年发生变化的范围保持在 5%以内，事实上物价的停滞状态一直持续到了 1480 年。但也有两个例外：第一个发生在 15 世纪 60 年代，货币中银的含量降低了 20%，物价上升了 7%；第二个发生在 15 世纪 80 年代，当时发生了内战和严重的农业歉收，也可能是因为谷物、羊毛和呢布的出口①使得物价上涨了 15%。

波斯坦教授在谈到 13 世纪末的时候，他认为"欧洲总体的银储备，相比于每年的产量，必定是巨大的"②。黑死病的暴发使得每人持有银的数量增加了，在同一时期，银币含量的减少不可能超过由于磨损而造成的自然损耗，因为在这一时期银币含量的减少不超过一年 0.2%。由此可以得出了一个结论：15 世纪末期和 16 世纪早期商品物价的变化并非由于银币含量的增加或者减少所造成的。

直到 1480 年才有了物价的上升趋势，在 1480 年以后每年物价的上涨也并非平均的。不同时间上涨的幅度并非相同，上涨的时间也并非同时。一些产品（如小麦）的价格上涨得很快，其他的产品（如白蜡）上涨的速度则较慢，一些产品（如蜡）的价格几乎没有上涨，甚至还下降了。一些物品（如呢布、葡萄酒）在 15 世纪末开始上涨，其他的东西（如纸张）只在 16 世纪晚期才上涨。"不同商品的相对价格变化，尤其是谷物、黄油和其他动物制品的大幅度增长发生在同一个世纪，但是，类似于瑞典并没有达到这一时期其他国家银价值普遍下降的程度，由此可以认为欧洲相对物价的整体上涨并非是由于银产量的增加造成，可能有其他的原因"。③ 如果只是货币的价值下降了，所有商品的价格

---

① Peter Ramsey, Economic History Review, 2nd ser. Ⅵ (1953)：181.

② M. M. Postan, The Cambridge Economic History, Vol. Ⅱ.

③ Ingrid Hammerstrom, The Price Revolution in the Sixteenth Century, in The Scandinavian Economic History Review, Vol. Ⅴ, No. 1 (1957)：152.

可能会有一些可以解释的例外，但事实并非如此。消耗品价格的上涨比工业产品的价格增长快许多，工业产品的价格增长比工资增长快许多。韦伯观察到了这一事实：劳动力价格的增长比食物的增长要小些，可以用人口的增长和剩余劳动力来解释。韦伯同样认为如此，他通过一些例子可以来证明他的"低货币评估"理论是与事实一致的。举例来说，韦伯认为纸张价格的相对稳定或相对下跌是由于制作技术的提高而引起的。但这很难解释在1588年以前纸张价格的稳定，因为在这一年制作纸张技术刚刚引进英国。

韦伯认为的人口增长，他是用食品和工业价格之间的不一致来解释，这需要经过更为细致的检验。他否认人口在发展不一致时增长的可能性，认为整个价格上涨的过程会遵循以下模式：第一，工资并没有下降，而是上涨了；第二，在英国人口的增长在16世纪末才开始；第三，谷物的价格在16世纪40年代的增长并没有超过被认为是货币退化的程度。

韦伯错误的理论主要表现在三个方面。16世纪20年代的工资一直比食物和工业产品的价格落后许多，但仍存在一些例外，在16世纪30年代和40年代的时候，工资增长会和一些工业产品的价格相同。[①] 如果韦伯关于工资和物价之间的关系是错误的，那么他关于"英国人口只在16世纪末才增长"的假设也是错误的，因为这是建立在他对16世纪早期"工资—价格"关系的理解之上的。最后，他对16世纪40年代小麦和其他商品价格的分析，也是建立在错误基础上的，他错误地低估了食品价格的上涨。

由此可以得出结论，英国的价格是间或轻微增长的，既不是临时的，也不是货币贬值长期持续的结果。这些贬值不是造成16世纪物价

---

① Y. S. Brenner, The Inflation of Prcies in Early Sixteenth Century England, The Economic History Review, New Series, Vol. 14, No. 2 (1961)：231.

普遍上涨的主要原因。物价比因贬值而造成的上涨更为迅速，一直持续
到了货币贬值结束，但并不是所有的物品都增长。美洲的金银流入欧洲
并没有对英国物价产生太多直接的影响，许多物价在这些贵金属到来前
就已经增长了。没有明显的证据表明英国的贵金属存储量增加了，所谓
的"低货币评估"理论最可能影响物价，而英国的物价表明：相比于
英国的产品，西班牙的物价增长得更为明显、更具一致性，同类型的产
品相比，差距比较大。

从另一个更深远的角度来看，对一年又一年的谷物价格变化的研究
表明在 16 世纪谷物价格持续增长，年浮动变得越来越厉害。

表 5-1　小麦价格标准偏差（S. D）和算术平均数（A. M）（每季度）①

年代（年）	标准偏差	算术平均数	年代（年）	标准偏差	算术平均数
1451—1460	5. 75	0.9215	1501—1510	6. 04	1.3932
1461—1470	5. 53	1.3168	1511—1520	7. 40	1.6093
1471—1480	5. 43	0.9609	1521—1530	8. 07	2.3941
1481—1490	6. 48	1.6087	1531—1540	8. 31	1.7493
1491—1500	5. 37	0.9707	1541—1550 （1541—1548）	11. 38 （9. 98）	4.0162 （3.1376）

谷物价格的上涨和上涨后的季节性波动都与市场供求之间均衡的混
乱同时发生。这种混乱发生在 16 世纪，第一种可能是由于放牧和土地
耗尽所引起的耕地的替换，第二种可能是由于人口的增长和城市化的发
展。事实上可以发现，人口的增长是这些现实的最重要的原因，例如非
货币的变化导致了物价的上涨。食品物价的上涨尤其是谷物，表明了食
品供应中的人口的压力，这并非是价格革命的结果，而是周期性过程的

---

① Y. S. Brenner, The Inflation of Prcies in Early Sixteenth Century England, The Economic
History Review, New Series, Vol. 14, No. 2 (1961): 231.

一部分……①

关于物价与人口相关的理论，首先必须承认的是，在中世纪和近代欧洲至少有过三次人口的增长，这些增长与物价的增长同步。第一次增长是从11世纪中叶到13世纪末，第二次是从15世纪末到16世纪末，第三次是18世纪中叶。② 每一个物价下降的时期都会有一些人口下降的证据被找到。③ 因此，人口变化与物价变化之间相关理论的基础是：第一，物价上涨阶段，那些供求方面无弹性增长的商品，比供求方面有弹性增长的商品增长的速度更快；第二，物价下降阶段，这一关系是互相颠倒的，即那些供求方面有弹性增长的商品，下跌的速度略慢些。

第一种观察形成了这样的一个逻辑，即在15世纪晚期和16世纪人口的数量确实增加，随后经济的发展与物价变化相一致，"在一些地方及通过一些方法，食品和羊毛的产出本来是要增长的……"但是因为农业无法承受在广度和密度上的扩张，要么是劳动力，要么是产品按照人口的比例来对应增长，劳动力的过剩会流入工业的雇佣人群中；"……工业产品的产出本应该增长，额外的劳动力生产的产品应该与食品供应的产品相互流通"④，但这些增长不会达到同样的程度。这样的结果，使得食物价格上涨得非常迅速。而"渴望工作的劳动力中的剩余人口"为了工作而进行竞争，阻止了工资在随后相对应的增长。与此同时，对工业产品的扩张要求并非那么强烈，工业产品的成本相对减少，产品的供应相对增强了。较高的实际工资使得货币从劳动者的钱包

---

① ngrid Hammerstrom, The Price Revolution in the Sixteenth Century, in The Scandinavian Economic History Review, Vol. V, No. 1 (1957)：141.

② K. F. Helleiner, Candian Journal of Economics and Political Science, Feb, 1957.

③ 参考 M. M. Postan, Economic History Review, IX (1939)；D. C. Coleman, Economic History Review, 2nd ser. Ⅷ (1956). J. Cox. Russell, British Medieval Population (1948)。

④ J. Clapham, quoted by Phelps Brown, Economica (Nov. 1957)：296.

中剩余下，用来购买不必需的工业产品。

第二种观察，在物价下跌阶段，以上的趋势是颠倒的，也就是那些供求方面有弹性增长的商品下跌的速度略慢些。如果人口在1485年以前是下降的，那么随后的经济发展，通过观察物价现象会发现这样的情况，"当人口下降时，一些边际土地可能全部被放弃，食物会在更好的土地上生产。供应变得更加充裕，因此价格更加便宜"①。部分的工资收入者可以成为自雇人士，其结果是工业产品的物价和工资相对于农业产品更高。由于农业产品的过度生产无法解释谷物价格的相对较低，以及农业工资在工业工资上涨以后的迅速上涨，但可以作为解释不同种类的商品价格变化不一致的原因。② 由于人口下降而导致的对边际土地的放弃，是一种对物价行为合乎逻辑的解释。

14世纪中叶发生的黑死病毫无疑问地使英国人口严重下降。这一严重的人口下降趋势，从1361年和1369年的瘟疫中又被延续了下去。到了1500年，看上去人口开始迅速增长，几乎是15世纪末的两倍。这一增长被有些历史学家认为是因为"瘟疫复发的减少"，③ 相对之前较高的工资或是食品较低的花费这一时期促成了早婚或是某一段时间的高存活率。④ 实际上，16世纪人口增长的数量比15世纪增长得很多，但很多学者关于这一点并未提起。

14世纪的大部分时间和15世纪，农业和工业工资大幅度增长。在15世纪，非熟练劳动者的工资，对劳动市场的状况相对敏感一些，他们工资的增长比那些熟练劳动者的工资更多一些。⑤ 在16世纪，所有

① M. M. Postan, The Cambridge Economic History, Vol. II：213.
② M. M. Postan, Economic History Review, 2ⁿᵈ ser. II（1950），表明了生产小麦不同工作的工资增长。
③ C. Creighton, *A History of Epidemics in Britain*（Cambridge, 1891），Vol. I.
④ Malthus, *Principles of Political Economy*. New York, 1908.
⑤ M. M. Postan, *Economic History Review*, 2ⁿᵈ ser. II（1950），Table IV.

的工资——如果用购买力来表示的话，下降得很明显，而其中大部分是非熟练的劳动者。① 熟练劳动者的名义工资在1532年开始上涨，而非熟练劳动者的名义工资则在1545年才开始上涨。工业劳动者的相对冗余只是临时的，在15世纪的后半叶已经开始下降了。

土地市场的情况同样在人口增长的15世纪时发生了改变。土地需求的增长很迅速，而这一点在被提高的租金中也表现了出来，特别是从较高的进入税可以看出。② 同样"土地扩张热"反映在领主和佃农破坏的关系中，③ 佃农普遍的抗议代替了用作牧场的耕作活动。④

食品的相对缺乏和对土地不断增长的需求并不能完全用来解释"人口压力"。广泛的土地开垦或是在耕地上扩大式的放牧都会导致同样的结果。哈里特·布拉德利（Harriet Bradley）⑤ 认为，土地的开垦是"15、16和17世纪圈地运动和耕地变为牧场的"原因，但是他的论断受到了雷金纳德·林纳德（Reginald Lennard）的质疑⑥。林纳德认为，与后退相比，土地的圈围肯定是增长的，⑦ 通过其他的观察可以发现，农业歉收的年份并不是特别频繁，16世纪前半叶农业歉收年份的分布也不是特别平均。不断增加的牧场是以牺牲粮食生产为代价，导致食物价格急剧上升。当然这并不完全是英国才有的现象，事实上谷物价格的相对上涨是整个欧洲都有的现象。此外，如果土地间相互竞争利用，用来进行耕种或者放牧，它从一种运转方式转变到另一种方式，使得价格

① E. H. Phelps Brown, Economia (Aug. 1955)：205, and (Nov. 1956)：311.
② E. Kerridge, *Economic History Review*, 2nd ser. Ⅵ (1953)：16-34, Table Ⅱ, Ⅴ, Ⅶ.
③ R. H. Tawney and F. Power, Tudor Economic Documents, Ⅱ, 1912：304.
④ R. H. Tawney, *Agrarian Problem in the sixteenth Century* (London, 1912)；M. Beresford, The Lost Villages of England (London, 1954).
⑤ Harriet Bradley, *The Enclosures in England* (New York, 1918)：106-107.
⑥ Reginald Lennard, The Alleged Exhaustion of the Soil in Medieval England, *Economic Journal*, Vol. 32 (1922).
⑦ N. B. S. Gras, *The Evolution of the English Corn Market*：220.

遵循一种渐进的持续的上涨过程。最后必须注意的是，由于货币的贬值，呢布的出口在早期的 20 年是增加的，但是谷物的价格并没有增长。尽管在 1525 年到 1530 年、1544 年到 1550 年英国的牧场已经扩张，但小麦价格在英国并没有剧烈增长。放牧和耕种被认为是 16 世纪两种不同的经济组成部分，但只存在于非常边缘的部分。

　　总之，增长的需求，而非相对减少的产品供应，阻碍了 16 世纪的价格平衡。这种情况反映在价格上，出现了新的价格模式，这些都是由于人口的增长所导致的。14 世纪的人口灾难造成了土地的剩余，作为结果，工资劳动者数量的相对匮乏反映在了高工资上，大规模耕种土地反映在了谷物的相对低价中。而高工资和谷物的低价格限制土地的耕种，这些鼓励人们去放牧，尤其是在富饶的区域和人口稀少的地方。同时，欧洲的金属存储并未进一步增长，货币的短缺表现在 15 世纪前半叶价格的轻微下跌之中。食物的低成本和高工资同样促使了早婚、大家庭的形成以及高存活率。当大瘟疫停止，人口又再一次增长。这时的土地变得稀少，地租一次又一次的增长，家庭所持有的土地被更多的人口来进行分配，不太富裕的土地重新回到了耕种之中。但是农业并没有扩张到养活足够多的劳动人口或是会根据增长的人口来提高相应的产量。所有能够想象的雇佣工作人们都会加入用来贴补家用，如纺织、制作钉子或其他职业。还有一些人则去城市或者进入工业雇佣领域，寻找他们能够找到工资的地方。另有一些人走向了流浪或者犯罪的道路。这些都是谷物价格急剧上涨的结果。

　　商业流通速度的增长是因为工业的发展和商业的扩张，据推测是由以下几点原因：土地和市场对资金要求的增长；从农村自给自足的社会转向城市后，食物主要依靠市场（货币—供应）；之前金属短缺现象的缓和；各种各样的销售和交换的合法化；其他隐藏的一些支付方式；法律和道德对信用和贷款的放宽。在商业流通的过程中，产品供应的相对减少，则是由于人口增长所引起的。人们从雇佣生产的领域转移到只有边际收益的经济领域中，可以暂时获得高利润。农业产品的加剧短缺是由城市化所造成的，城市化使得市场结构的本质发生了变化，这些都是由商业投机的增长所导致的。

工业劳动力价格和产品价格比食品劳动力价格和产品价格增长略缓些。在工业产品中不断提高的生产技术，就相对降低了劳动成本。而对于人口压力，劳动力从农村转移到城市，又从工业转移到乡村，工资的变化过程就处于这种变化之下。

二、农村人口转移

英国农村人口的转移是贯穿英国发展的一条线索，早期农村人口的转移主要取决于地理位置。

在15世纪末16世纪初时，农村人口的转移更多考虑经济因素。农村人口去往许多城市和地区是为了更好地就业，移民可以更多支持地城市发展，也使更多的乡村逐渐转变为城市，使得在许多农村地区存在着非农业的活动，普遍来说农业活动需要相当多的劳动力，而此时农村的劳动力已经转移了许多，在这样的地区，市场给予农民的机会是扩大的，即使不是持续的，至少也是周期性的。这种农业方式的转变是为了迎合需要而进行的。在西密德兰地区，在14世纪晚期和整个15世纪，人口的移动是加强的，这使得在40到60年间许多村庄大约有$\frac{3}{4}$的人口姓氏发生了改变。① 这种移民运动的流向很少是邻近的村庄。

这一时期，农村人口的转移从自身来说，由于农村圈地运动的兴起，大量农民失去了土地，他们不得不流入城市，成为雇佣工人。在

---

① Edward Miller (ed.), *The Agrarian History of England and Wales*, *Volume III*, 1348-1500, Cambridge University Press, 1991: 17.

13 世纪，英国的圈地现象就已经出现了，圈地运动一共经历了两次高潮：一次是从 15 世纪中叶开始，即都铎王朝时期；另一次则发生在 18 世纪中叶到 19 世纪初。都铎时期的圈地运动发展迅速，其根源是由于养羊业的发展。圈地运动的兴起使得小块土地合并，形成大片放牧地，大规模圈地会引起人们的不满，而政府也没有采取什么措施来减缓这种现象。农村不再需要大量的劳动力，于是劳动力外流，形成了移民。少数留在农村的农民发现养羊业有利可图，于是改变了传统的经营方式，大规模圈养羊群，朝着资本主义方向转型。

另外，农村人口的转移还来自城市的吸引力。在 15 世纪末 16 世纪初人口开始增长，农村的人口压力增加，当时正值农村经济发生转变的时候。土地的使用受到了限制，使得无地和少地的农民数量增加。许多农民来城市，成为雇工。城市一般都是工商业中心比较繁华的地方，这些地方吸引了农村劳动力的到来。同时，由于当时城市人口还未出现过于饱和的状况，大多数城市处于人口基本不变或上升的状态，这就为农村人口的移民提供了进入城市的空间和机会。城市对于外来的移民也是持欢迎态度，并未出现将其赶出城市的行为或是政策。

总体说来，城市和农村之间的人员流动是长期存在的，但是这一时期农村人口的流入，为城市注入了更为新鲜的血液。当然，城市人口的增加不仅仅是因为有来自国内的移民，还存在国外的移民，两者共同构成了城市的血脉。

总之，将人口的恢复阶段划分为 15 世纪末到 16 世纪初，是基于对整个英国全局的考虑。事实上，任何一个地方或是区域的发展状况并非是完全一样的，所以英国人口的恢复在全国范围也不能一刀切、一概而论。这一时期，也是一个过渡时期，人口在多种因素下继续发展，进一步推动了英国的发展。

结　论

　　关于英国中世纪人口变化的动因，史学界有两种不同的看法。有学者将英国近代早期的人口体系作为中世纪人口体系的参照，认为主导人口变化的主要因素是死亡率。结合英国近代早期的人口特点，普遍的观点认为近代早期人口出生时的预期寿命在 30—35 岁，死亡率平均每年为 3%，女性的初婚年龄在 25 岁左右，有 10%—20%的女性不结婚。因此，从人口长期发展历史来看，出生率发生了改变。由此，齐维·拉兹发现，英国中世纪的人口与 16、17 世纪的人口状况有所不同。本尼迪克托（Benedictow）也认为死亡率而非出生率是影响人口趋势的主要因素，中世纪人口出生时的预期寿命在 20—25 岁，平均死亡率接近 5%。女性结婚年龄较早，在 15—20 岁，相比英国近代早期，有较少的女性不婚。[①] 他的这一观点，得到了许多史学家的认同。其中，比较突出的代表是人口论者。人口论者追随着马尔萨斯观点，认为人口的变化主要靠死亡率来进行调节，这种调节包含灾难、瘟疫、饥荒等外来因素，以及道德抑制和犯罪，新人口论者在此基础上，进一步认为死亡率在人口变化中的决定作用，钱伯斯就认为"疾病的发生决定着死亡率的发生，而这些则与生活资料的取得无关"，[②] 另一位新人口论者约翰·哈彻认

---

① Mark Bailey and Stephen Rigby（eds.），*Town and Countryside in the Age of the Black Death: Essays in Honour of John Hatcher*，Brepols，2012: xxi.

② J. D. Chambers，*Population*，*Economy and Society in Pre - industry England*，London，1972: 14.

为"决定人口规模的因素是死亡率水平"。①

　　另一些学者则认为出生率决定着人口变化趋势。E. A. 里格利认为"出生率的变化反映了经济状况的变动和生命周期",② 同时他认为,出生率之所以重要,还体现在出生率会影响到婚姻率和死亡率的变化,③ 他的这种观点突破了"人口与资源之间的平衡由死亡率来掌控"的观点。

　　其实从英国中世纪人口变化来分析,影响人口变化的因素有多种,既包含内在的因素,如预期寿命、人口的身体状况等,也包括瘟疫、战争等诸如此类的外在因素。而这些因素真正作用于人口本身则集中体现在出生率和死亡率上,以上这些因素的影响都可以归纳到出生率和死亡率上。因此,人口变化是出生率和死亡率共同作用的结果,人口本身的变化不可能只存在某一种人口变动因素。

　　在出生率和死亡率的共同作用下,中世纪英国人口变化体现出了以下一些特点。

　　一是英国中世纪践行着一种"相离的"亲属关系。从家庭关系来看,中世纪的人口依靠于家庭,但不依赖于家庭。英国人的家庭观念更为淡薄。英国对家庭共同的财产权实行的是"在存者无继承人"原则即活着的人是没有（或不讨论）法定继承人的,死后才会规定继承人。④ 从英国的继承制度来说,尽管在某些地区某些时间存在差别,有

---

①　Michael Anderson （ed.）, *British Population History*：*From the Black Death to the Present Day*, Cambridge：Cambridge University Press, 1996：75.

②　E. A. Wrigley and R. S. Schofield, *The Population History of England*, 1541 – 1871：*A Reconstruction*, Cambridge：Cambridge University Press, 1989：354.

③　E. A. Wrigley and R. S. Schofield, *The Population History of England*, 1541 – 1871：*A Reconstruction*, Cambridge：Cambridge University Press, 1989：355.

④　[英] 艾伦·麦克法兰主讲,刘北城评议,刘东主持：《现代世界的诞生》,上海：上海人民出版社 2013 年版,第 141 页。

时实行的是幼子继承制或诸子析产制，但长子继承制在英国继承制度中是占主导地位的。当然，在英国有些家庭并不将财产分与子女，或者说子女对于财产的继承并非是必然的，父母拥有对财产的完全支配权，他们可以将财产给予自己想给的任何人。这些财产可以通过赠予、出售或者立遗嘱的形式流入其他人的手中。人们对于财产的自由分配权是毋容置疑的，家族内的任何人都无权干预。基于这样的继承或者说家庭财产分配制度，没有获得财产的家族成员必须自己去寻找生计。他们或是前入其他的地区获得土地，进行劳作；或是前往城市寻找维持生活的机会。反之，由于家庭内子女是否拥有财产与父母并无直接关系，这也导致子女对父母没有必然的赡养义务，从客观事实来说也很难赡养父母，因为子女们在较小的年龄就离开了父母，寻找自己的生存之道。

从英国的家庭教育来看，除去一些富裕人家，大多数的孩子在小小年纪会被送出家庭，通过雇工或者学徒制度来学习手艺。正如威尼斯驻英大使特雷维萨诺所说的那样，"（子女们）并非在其父亲的帮助下自谋生路，而是另立门户，自己创立财富"①。

这种"相离的"亲属关系是否意味着家庭中任何两个人之间的关系（包括财产关系）是绝对独立的？答案当然是否定的。家庭的共同财产权，对于夫妻双方来说，还是存在的。在许多有关寡妇的例子中可以看出在丈夫去世后，妻子拥有丈夫的财产，甚至是营生，以维持家中孩子的抚养和自己的生计。妻子和丈夫在一定程度上拥有"联合"的财产权。

二是英国的人口具有"开放性"的特点。这里的开放性并非指的是道德层面上的开放，而是经济上的一种开放性。由于英国的继承制度

---

① Charlotte Augusta Sneyd, *A Relation*, *or Rather a True Account*, *of the Island of England*: *With Sundry Particulars of the Customs of these People. And of the Royal Revenues under King Henry the Seventh*, *about the year*, 1500, Kessinger Publishing, 2010: 26.

决定了除长子以外的子女获得财产的机会很少，他们往往会远离家门，寻找生存的机会，当然这种寻找也并非盲目的——他们会成为仆人、佣者等，寻找能让自己更好生活的方式。英国的女性也会寻找机会——面向市场，寻找工作的机会。寡妇可以在丈夫去世后继续经营自己的营生，在英国的某些行业，几乎是由女性垄断的，如酿酒业；女性也可以成为某些商业行会的成员，成为以男性工人为主的行业中的一员，如在建筑业中女性可以成为屋瓦匠的助手，尤其是在黑死病暴发以后，女性的经济状况变得更为活跃。当然，从就业本身来说，男性与女性还是存在一定的差异，男性毕竟会在体力或者其他方面比女性有优势，所以，有学者认为在黑死病以后，男性与女性"同工同酬"的观点是不符合实际的，但女性经济地位的相对提高还是存在的。

此外，这种开放性还表现在人会适时地改变自己的生产方式，生产并非是一成不变的。当畜牧业利润丰厚时，人们会选择改变生产方式来迎合经济的发展。这种改变一开始具有强制性，到后来成为一种趋势。比如圈地运动，尽管有学者评论这是一场"羊吃人"的运动，但从长远发展来看，它符合经济发展趋势。由于圈地运动的广泛开展，使得农村人口剩余进而流入城市，为雇佣劳动提供了丰富的人力，也为资本主义发展提供了夯实的基础。

三是英国人口具有恰到好处的人口结构，这一点尤其体现在中世纪晚期。如果说早期是靠死亡率来影响人口数量，那么中世纪晚期和近代早期，则主要是靠低生育率来影响人口数量。这也就是在黑死病以后人口没有迅速恢复的原因之一。低生育率主要是通过晚婚或不婚来实现的。这种低生育率使英国人口进入所谓的"低压人口模式"。这种模式一方面可以避免马尔萨斯所谓的"人口危机"，另一方面也为人口的个性自由和经济自由提供了条件。史学界认为英国人口的低压模式在 19

世纪才得以实现，然而通过里格利及同事们的研究发现①，这种模式至少可以追溯到 16 世纪初，甚至可能更早。这也表明中世纪的英国人口为英国的现代性奠定了一定的基础。

中世纪英国人口的"相离性"、开放性和结构的合理性决定了它在英国社会的作用和影响。从人口自身的特点来说，人口增长直接的作用是为英国的财政收入提供了极大的支持。在中世纪的英国，人口的规模优势直接体现在了税收的征收方面。从 1087 年开始，征服者威廉对全国的土地进行核查，以此来作为对丹麦金（一种税收）征收的基础，这也为英国的税收史开辟了一个新时代。② 中世纪英国的税收种类颇多，其中有许多税是以人口及其收入或财产为基础的，而人口的多少直接影响到财政收入。例如英国的动产税，动产税的起源最早与十字军有关。在亨利二世的时候，政府决定对全体臣民的动产或收入征收动产税。这次征收也开启了英国税收的先例，即以收入和动产为基础，以统一的税率向全体臣民征收。③ 动产税从 1207 年开始，但在 1290 年以前只征收过 7 次。此后的征收变得越来越频繁，到 1332 年为止，又征收了 16 次。④ 动产税的最大特点是征收的范围较广泛，纳税者除了少数教士和宗教团体外，各个阶层都必须上交。因此，除去每次所交的税率和个人的收入和财产等因素，人口的数量也是影响其征收总额的重要原因。另外，直接与人口相关的是人头税，在 1377 年、1379 年和 1381 年，英国都征收了人头税，人头税的征收是为了解决百年战争中所遇到

---

① 具体参见 E. A. Wrigley, The Process of Modernization and the Industrial Revolution in England, *The Journal of Interdisciplinary*, Vol. 3, No. 2, Economics, Society, and History（Autumn, 1972）：225-259。

② E. Lipson, The Economic History of England, London：A. & C. Black, LTD, 1929：518.

③ 施诚：《中世纪英格兰财政史研究》，北京：商务印书馆 2010 年版，第 166 页。

④ J. F. Hadwin, The Medieval Lay subsidies and Economic History, The Economic History Review, New Series, Vol. 36, No. 2（May, 1983）：207.

的财政困难。人头税的征收直接以人口数量的多少为征收范围，1377
年征收的对象为 14 岁及以上的人口，每人征收 4 便士，教士的税分开
征收，穷人免征税款；① 1379 年的人头税则征收 16 岁及以上的人口，
但根据社会地位的不同，每个人所交的税额不同；1380—1381 年的人
头税所针对的是 15 岁及以上的人口，依据不同的身份要求来进行交税。
总之，人头税是以人口的年龄和数量作为基础的，因此，人口越多上交
的税收也越多，人口的规模优势在这里表现得非常明显。

　　除了对英国本土人口征收的费用可以体现出人口数量多在赋税方面
的优势，外国人口也可以体现出人口规模对财政税收的作用，这种规模
体现在外国人口税的征收上。这一税收建立在 15 世纪，是对来到英国
的第一代外来人口征收的税款，也是税收进程中的一个创新。

　　这一税收针对的是在英国经商的外来商人，表面上是为了防止国家
的财富流失海外。英国颁布新的法律阻止国外商人在英国领土上相互交
易，禁止将货币流出国内，即所有交易的利润都必须花费在英国的货物
上。同时又建立起一个新的体系，即所有的外国商人必须向"英国的
主人"（即国土）登记，这些外国商人则要保证新的法律能够充分得到
执行。除此以外，另一个议会的法案解决了以往居住在英国的外国人比
英国本土人拥有更多的财富的问题。这一征税对象是居住在英国的外国
人，且超过 12 岁，按照两种不同的方法征收，最初征税的决议执行了
三年。在 1442 年议会又将税收延长了两年。1487 年的征税被认为是最
后一次议会特定征收外国人口的税收，在亨利七世余下的统治时期，外
国人被要求与本国的人口一样，交纳传统的 $\frac{1}{15}$ 到 $\frac{1}{10}$ 的税收。但是在
1512 年，议会赋予亨利七世征收一种新的税收：等级人头税，即根据

----

① P. J. P. Goldberg, Urban Identity and Poll Taxes of 1377, 1379 and 1381, The Economic
History Review, Vol. 43, No. 2 (May, 1990): 197.

不同的收入来交纳不同的税额。外来居民与本国居民一样被评估，但是外国居民需要交纳两倍的税额。外来人口税的征收为英国当时的税收提供了很大的支持。

14、15 世纪是外来移民进入英国的第二次高潮，① 而在 15 世纪 40年代，英国对外来人口施行征税。这种税收制度的实行，是将外来人口税收融入了本国的财政中，人口的基数进一步扩大。因此，也再次证明了人口的规模优势对英国的财政收入有着重要作用。

人口的第二个作用体现在人口的流动引起了居民身份的变迁。农村人口进入城市，尽管只有少数农村人能获得成功，但仍存在着农村人口进入城市后成为城市一员的现象。另一些人通过婚姻或加入教士群体来改变自己的身份。由于中世纪英国大多施行着长子继承制度，因此对其他子女而言，他们需要自己寻找存活的方式和道路。一些子女来到城市寻找自己的生存之道，而城市也乐意为这些人提供就业和生活的机会，于是这些来自农村的人口逐渐成为城市居民。特别是在伦敦这样的大城市，许多的外来人口不仅成为城市居民，还在城市中担任官员，例如，14 世纪初期伦敦的高级市政官中，西门·德·帕里斯就来自农奴家庭。②

人口的第三个作用体现在人口政策的调适上。由于人口的变化，政府会采取相应的措施来应对这种变化。在黑死病后，由于人口的减少，导致工资急剧上涨，政府因此颁布了《劳工条例》（1349 年）和《劳工法令》（1351 年），要求雇主提供的工资不能超过黑死病以前的水平；1388 年《剑桥法令》又重新定义了这些法律条例，关注那些正在犹豫

---

① 刘景华：《外来因素与英国的崛起——转型时期英国的外国人和外国资本》，北京：人民出版社 2010 年版，第 7 页。

② 李增洪：《13—15 世纪伦敦社会各阶层分析》，北京：中国社会科学出版社 2005 年版，第 153 页。

寻找工作的人，这些人希望从事携带文件的工作或者从事乞讨者这样的
工作，这样可以使他们留在原来的地方。此外，人口的增加，尤其是
14世纪市民人口的增加，使得市民阶层代表的利益不断增加，市民阶
层的力量逐渐强大，市民阶层力量的强大为英国下议院的建立提供了
支持。

　　中世纪英国人口的变化是一个长时段的过程，在这个过程中既存在
着普遍的影响因素（每个阶段或整个欧洲都有），又存在着自身独特的
影响因素（英国所独有的）。在这一长时段中，人口不仅是英国发展中
的一个重要因素，它还和其他因素结合在一起，共同作用于英国社会的
发展。人口的作用是基础性的，它是一个国家、一种文明形成的基础，
也是一个社会前进的基础。人口的再生产是人类社会赖以发展的重要前
提，更是社会持续发展的动力之一，这便是研究人口变化的价值所在。

参考文献

一、中文书籍

[1] 北京大学历史系世界古代史教研室. 多元视角下的封建主义 [M]. 北京：社会科学文献出版社，2013.

[2] 程登科. 世界体育史纲要 [M]. 上海：上海书店出版社，1992.

[3] 谷延方. 英国农村劳动力转移与城市化：中世纪盛期及近代早期 [M]. 北京：中央编译出版社，2011.

[4] 刘城. 英国中世纪教会研究 [M]. 北京：首都师范大学出版社，1996.

[5] 刘景华. 外来因素与英国的崛起——转型时期英国的外国人口和外国资本 [M]. 北京：人民出版社，2010.

[6] 马克垚. 中西封建社会比较研究 [M]. 上海：学林出版社，1997.

[7] 马克垚. 西欧封建形态研究 [M]. 北京：人民出版社，2001.

[8] 马克垚. 封建经济政治概论 [M]. 北京：人民出版社，2010.

[9] 施诚. 中世纪英国财政史研究 [M]. 北京：商务印书馆，2010.

[10] 王渊明. 历史视野中的人口与现代化 [M]. 杭州：浙江人民出版社，1995.

[11] 徐浩. 农民经济的历史变迁——中英乡村社会区域发展比较 [M]. 北京：社会科学文献出版社，2002.

[12] 许二斌. 变动社会中的军事革命——14—17世纪欧洲的军事革新与社会变革 [M]. 哈尔滨：黑龙江人民出版社，2008.

[13] 杨杰. 从下往上看——英国农业革命 [M]. 北京：中国社会科学出版社，2009.

[14] 阎照祥. 英国政治制度史 [M]. 北京：人民出版社，2012.

二、翻译书籍

[1] [俄] 巴加图利亚主编，张俊翔编译，张一丁审订. 巴加图利亚版《德意志意识形态·费尔巴哈》 [M]. 南京：南京大学出版社，2011.

[2] [比利时] 亨利·皮朗. 中世纪欧洲经济社会史 [M]. 上海：上海人民出版社，1986.

[3] [美] 迈克尔·V.C. 亚历山大. 英国早期历史中的三次危机——诺曼征服、约翰治下及玫瑰战争的人物与政治 [M]. 林达丰译. 北京：北京大学出版社，2008.

[4] [英] M.M. 波斯坦著，H.J. 哈巴库克主编. 剑桥欧洲经济史 (第一卷)：中世纪的农业生活 [M]. 王春法主译. 北京：经济科学出版社，2002.

[5] [英] 阿萨·勃里格斯. 英国社会史 [M]. 陈叔平，刘城，刘幼勤，周俊文译. 北京：中国人民大学出版社，1991.

[6] [英] 约翰·克拉潘. 简明不列颠经济史：从最早时期到一七五〇年 [M]. 范定九，王祖廉译. 上海：上海译文出版社，1980.

[7] [英] 马尔萨斯. 人口原理 [M]. 朱泱, 胡企林, 朱中和译. 北京: 商务印书馆, 1992.

[8] [意] 卡洛·M. 齐波拉主编. 欧洲经济史第一卷: 中世纪时期 [M]. 徐璇译. 北京: 商务印书社, 1988.

三、中文文章

[1] 陈志坚. 试析中世纪英格兰教会对私生子权利的保护 [J]. 首都师范大学学报 (社会科学版), 2011 (3).

[2] 陈启能. 二战后西方历史学的发展趋势 [J]. 学习与探索, 2002 (1).

[3] 陈志坚. 英国中世纪及近代早期的家产分配方案 [J]. 世界历史, 2007 (5).

[4] 洪庆明. 1450—1650 年英格兰人口运动探析 [J]. 世界历史, 2001 (2).

[5] 黄春高. 1350—1640 年英国农民经济的分化 [J]. 首都师范大学学报 (社会科学版), 2004 (1).

[6] 侯建新. 从新人口论、 “均衡陷阱” 到 “过密化增长说” [J]. 史学理论研究, 1998 (3).

[7] 李化成. 论黑死病对英国人口发展之影响 [J]. 史学月刊, 2006 (9).

[8] 李云飞. 理论运用的时代错位——杜能的经济圈境理论与中世纪英格兰领主经济 [J]. 世界历史, 2010 (2).

[9] 徐浩. 前工业社会中的城市市场结构与市场导向的商业化 [J]. 史学月刊, 2005 (2).

[10] 徐浩. 中世纪英国城市人口估算 [J]. 史学集刊, 2015, 1 (1).

[11] 徐浩. 中世纪英国城市化水平研究 [J]. 史学理论研究, 2006 (4).

[12] 俞金尧. 中世纪晚期和近代早期欧洲的寡妇改嫁 [J]. 历史研究 2000 (5).

[13] 赵庆日，谷延方. 推力与拉力——中世纪英国农村劳动力转移和城市化机制初探 [J]. 北方论丛, 2010 (4).

四、英文书籍

[1] Adams, Charles Phythian, Urban Decay in Late Medieval England, in Philip Abrams and E. A. Wrigley, (eds.), Towns in Society, Cambridge, 1978.

[2] Astill, Grenville, and Grant, Annie, (eds.), *The Countryside of Medieval England*, Basil Blackwell, 1988.

[3] Aberth, John, *An Enviromental History of the Middle Ages: The Crucible of Nature*, Routledge, 2013.

[4] Aston, M., Austin, D., andDyer, C., (eds.), *Therural settlements of medieval England*, Oxford, 1989.

[5] Aston, T. H., and Philpin, C. H. E., (eds.), *The Brenner Debate: Agrarian Class Structure and Economic Development in Pre - industrial Europe*. New York: Cambridge University Press, 1985.

[6] Ault, W. O., *Open - field Farming in Medieval England*, London, 1972.

[7] Boulay, F. R. H. Du., (ed.), *Kent Records: Documents Illustrative of Medieval Kentish Society*, Ashford, 1964.

[8] Barron, C. M., Lodonin the Later MiddleAges: Government and People1200–1500, Oxford, 2004.

[9] Bath, B. H. SlicherVan, *The Agrarian History of Western Europe*, A. D. 500–1850, 1963.

[10] Boulay, F. R. H. Du., *An Age of Ambition: English society in the late middle ages*, 1970.

[11] Bradley, Harriet, *The Enclosures in England*, New York, 1918.

[12] Blanchard, I. S. W., *The Middle Ages: A Concept Too Many?* Avonbridge: Newlees Press, 1996.

[13] Bacci, Massimo Livi, *The Population of Europe: A History*, Blackwell Publishers Ltd, 2000.

[14] Bailey, Mark, and Rigby, Stephen, (ed.), *Town and Countryside in the Age of the Black Death: essays in honour of John Hatcher*, Brepols Publishers N. V., 2012.

[15] Biddle, M., *Early Norman Winchester*, in J. C. Holt, (ed.), Domesday Studies, Woodbridge, 1987.

[16] Brown, Michael, *James I* , East Linton, 1994.

[17] Beresford, M., *The Lost Villages of England*, London, 1954.

[18] Britnell, R. H., *Growth and Declinein Colchester: 1300–1525*, Cambirdge University Press, 1986.

[19] Bridbury, R., *Economic Growth: England in the later Middle Ages*, Greenwood Press, 1962.

[20] Britnell, R. H., The Commercialisation of England Society, 1000–1500, 2^{nd}edn, Manchester, 1996.

[21] Britnell, Richard H., *The Commercialisation of English Society*, 1000–1500, Cambridge University Press, 1996.

[22] Beveridge, W., *Wages in the Winchester Manors*, Econ.

Hist. Rev. Vol. Ⅶ, 1936.

［23］ Beveridge, W., and others, *Prices and Wages in England from the*12*th to the*19*th Century*, London, 1939.

［24］ Campbell, B. M. S., Galloway, J. A., Keene, D., and Murphy, M., *A Medieval Capital and its Grain Supply*: *Agrarian Production and Distribution in the London Region c. 1300*, Histl. Geog. Research Ser., 30, London, 1993.

［25］ Campbell, B. M. S., *Commonfield origins - the regional dimension. In T. Dowley (ed.), The origins of Open - field Agriculture.* London, 1981b.

［26］ Campell, Bruce M. S., *Land and People in Late Medieval England*, Ashgate Publishing Limited, Ⅶ, 2009.

［27］ Cipolla, Carlo M., ed., *The Fontana Economic Histroy of Europe*, William Collins & Co. Ltd, Glasgow, 1972.

［28］ Cipolla, Carlo M., *Before the Industrial Revolution*: *European Society and Economy*, *1000-1700*, Routledge, 1993.

［29］ Cipolla, Carlo M., *Before the Industrial Revolution*: *European Society and Economy*, *1000-1700*, Methuen & Co. Ltd, 1993.

［30］ Creighton, C., A History of Epidemics in Britain, Cambridge, 1891.

［31］ Coleman, D. C., The British Paper Industry1495 - 1860, Oxford, 1958.

［32］ Carus - Wilson, E. M., *Medieval Merchant Venturers*, 2nd edn, London, 1967.

［33］ Carus - Wilson, E. M., and Coleman, O., English's Export Trade1275-1547, Oxford, 1963.

[34] Cleere, H., and Crossley, D., *The Iron Industry of the Weald*, 2nd edn. Cardiff, 1995.

[35] Cam, Helen M., *The Hundred and The Hundred Rolls*, London: Methuen& CO. LTD, 1930.

[36] Chambers, J. D., *Population, Economy, and Society in Pre-Industrial England*, London: Oxford University Press, 1973.

[37] Crick, Julia, and Houts, Elisabeth Van, (ed.), *A Social History of England*, 900 – 1200, Cambridge: Cambridge University Press, 2011.

[38] Chambers, J. D., *Population, Economy, and Society in Pre-industrial England*, Oxford University Press, 1972.

[39] Campbell, M. S., *English Seigniorial Agriculture 1250 – 1450*, Cambridge : Cambridge University Press, 2000.

[40] Dyer, A., Decline and Growth in English Towns, 1400–1640, Basingstoke, 1991.

[41] Dyer, C., *Everyday Life in Medieval England*, London, 1994.

[42] Dahlman, C. J., *The Open Field System and Beyond*, Cambridge, 1980.

[43] Dyer, Christopher, *A Country Merchant*, 1495 – 1520: *Trading and Farming at the End of the Middle Ages*, Oxford University Press, 2012.

[44] D. M. Palliser, *The Cambridge Urban History of Britain*, *Vol. 1*, Cambridge Universtiy Press, 2000.

[45] Dyer, *Standards of Living in the Later Middle Ages: Social Changes in England c. 1200–1520*, 2nd edition. Cambridge University Press, 1989.

[46] Darby, H. C., *An Historical Geography of England before A.*

D. 1800, Cambridge, 1936.

[47] Darby, H. C., *Domesday England*, Cambridge： Cambridge University Press, 1977.

[48] Davis, R. H. C., *The Kalendar of Abbot Samon of Bury St. Edmunds*, London, 1954.

[49] Fagan, Brian, *The Great Warming*： *Climate Chang and the Rise and Fall of Civilizations*, New York： Bloomsbury Press, 2008.

[50] Fortescue, John, and Lockwood, S., *On the Laws and Govenernance of England*, ed. Cambridge, 1997.

[51] Francis, Prior, *Life in Britain and Ireland Before the Romans year*, London： Harper Perennical, 2004.

[52] Goodman, Anthony, *The Wars of the Roses*. Military Activity and English Society, 1452-1497, London, 1981.

[53] Gray, H. L., *English Field System*. Cambridge, Mass, 1915.

[54] Goldberg, P. J. P., "Life and Death： the Ages of Man" in Rosemary Horrox and W. Mark Ormrod, (ed.), A Social History of England, 1200-1500, Cambridge： Cambridge University Press, 2006.

[55] Goldberg, P. J. P., *Women, Work and Life - Cycle in a Medieval Economy*： *Women in York and Yorkshire*, *c.* 1300-1520, Oxford, 1992.

[56] Gottfried, Robert S., *Epidemic Diease in Fifteenth Century England*： *The Medical Response and the Demographic Consequences*, Leicester： Leicester University Press, 1978.

[57] Griffiths, R. A., *The Reign of King Henry VI*, Stround, 1981.

[58] Gottfried, R. S., *Epdemic Diease in Fifteenth Century England*, Rutgers, 1978.

[59] Gunn, S. J., *Early Tudor Government*, 1485-1558, Macmillan, 1995.

[60] Harvey, B. F., *The Population Trendin England between 1300 and 1348*, Transcations of the Royal Historical Society, 1966.

[61] Hulme, Edward Maslin, *A History of the British People*, London: George Allen & Unwin, LTD, 1924.

[62] Hinde, Andrew, *England's Population: A History Since the Domesday Survey*, Hodder Arnold, 2003.

[63] Hallam, H. E., *Rural England*, *1066-1348*, The Harvester Press, 1981.

[64] Hilton R. H., *A Medieval Society: the West Midlands at the End of the Thirteenth Century*, Cambridge: Cambridge University Press, 1966.

[65] Hanawalt, *The Ties That Bound: Peasant Families in Medieval England*, Oxford University Press, 1986.

[66] Hatcher, *Plague*, *Population*, *and the English Economy*, Macmillan, 1977.

[67] Hatcher, John, and Bailey, Mark, *Modelling the Middle Ages: The History and Theory of Englands Economic Development*, Oxford University Press, 2001.

[68] Hatcher, J., *Plague*, *Population and the English Economy*, 1348-1530, London: Macmillan, 1977.

[69] Hare, John, *A Prospering Society: Wiltshire in the later Middle Ages*, Universtiy of Hertfordshire Press, 2011.

[70] Hatcher, John, *English Tin Production and Trade before1550*, Oxford, 1973.

[71] Hatcher, J., *The History of the British Coal Industry*, I,

Before*1700*：*Towards the Age of Coal*, Oxford, 1993.

[72] Hayward, M., *Rich Apparel*：*Clothing and the Law in Henry VIII's England*, Farnham, 2009.

[73] Himes, N. E., *Medical History of Contraception*, Baltimore, 1936.

[74] Harris, P. M. G., *The History of Human Population*, Vol. 1：*Forms of Growth and Decline. London*：Greenwood Press, 2001.

[75] Horrox, Rosemary, and Ormrod, W. Mark, (ed.), *A Social History of England*, 1200 – 1500, Cambridge：Cambridge University Press, 2006.

[76] Horrox, R., (ed.), *The Black Death*, Manchester, 1994.

[77] Hilton, R. H., *The English Peasantry in the Later Middle Ages*, Oxford, 1975.

[78] Hollingsworth, T. H., *Historical Demography*, London：Hodder and Stoughton, 1969.

[79] King, Andy, and Simpkin, David, (eds.), *England and Scotland at War*, *c.* 1296–1513, Leiden, Boston, 2012.

[80] Kerridge, E., *Agrarian problems in the sixteenth century and after*, London, 1969.

[81] Lamb, H. H., *Climate, History and the Morden World*, 2nd. London and New York：Routledge, 1995.

[82] Langdon, J., *Horses, Oxen and Technological Innovation*：*The Use of Draught Animals in English Farming from1086 to1500*, Cambridge Press, 1986.

[83] Lennard, R., *Rural England*, *1086–1135*, Oxford, 1959.

[84] Miller, E., *The Agrarian History of England and Wales*：Vol. 3,

1348-1500, Cambridge, 1991.

[85] Muus, B. J., and Dahlston, P., *Sea Fishes of Britain and North-Western Europe*, London: Collins, 1974.

[86] Maitland, F. W., *Domesday Book and beyond*, Cambridge, 1897.

[87] Moore, J. S., (ed.), *Domesday Book: Gloucetershire*, Chichester, 1982.

[88] Platt, Colin, *Medieval England: A Social History and Archaeology from the Conquest to* 1600A. *D*, New York: Charles Scribner's Sons, 1978.

[89] Palliser, D. M., (ed.), *The Cambridge Urban History of Britain*, *I*: 600-1540, Cambridge: Cambridge University Press, 2000.

[90] Power, Eileen, *The Wool Trade in English Medieval History*, Oxford, 1941.

[91] Perroy, E., *The Hundred Year's War*, London, 1961.

[92] Persson, K. G., *Pre-Industrial Economic Growth: Social Organization and Thechnical Progress in Europe*, Oxford, 1988.

[93] Poos, L. R., *A Rural Society after the Black Death: Essex* 1350-1525, New York: Cambridge University Press, 1991.

[94] Poos, L., *A Rural Society After the Black Death: Essex*, 1350-1525, Cambridge: Cambridge University Press, 1991.

[95] Postan, M. M., *The Medieval Economy and Scoiety: An Economic History of Britain in the Middle Ages*, Penguin Books Ltd, Harmondsworth, Middlesex, England, 1975.

[96] Postan, M. M., *The Medieval Economy and Society: An Economic History of Britain: 1100 - 1500, University of California Press*, 1973.

［97］ Pounds, N. J. G., *An Economic History of Medieval Europe*, 2nd ed. London and New York: Longman, 1974.

［98］ Pronay N., and Cox, J., (eds.), *The Crowland Chronicle Continuations* 1459–1486, 1986.

［99］ Pedersen, Frederik., *Marriage Disputes in Medieval England*, The Hambledon Press, 2000.

［100］ Rawcliffe, C., *Leprosy in Medieval England*, Woodbridge, 2006.

［101］ Rogers, Clifford J., *English Strategy under Edward III*, 1327–60, Woodbridge, 2000.

［102］ Rosser, Gervase, Medieval Westminster, 1200–1540, Clarendon Press, Oxford, 1989.

［103］ Russell, J. C., *British Medieval Population*, The University of New Mexico Press, Albuquerque: 1948.

［104］ Russell, Josiah Cox., *Late Ancient and Medieval Population*: The American Philosophical Society, 1958.

［105］ Raftis, J. A., *The Estates of Ramsey Abbey*, Tronto, 1957.

［106］ Rogers, James E., *A History of Agriculture and Prices in England*, 7 Vols. Oxford, 1866–1902.

［107］ Records of theTemplars in England: the Inquest of1185, *London*1935.

［108］ *Rogers*, War Cruel and Sharp, *Woodbridge: Boydell*, 2000.

［109］ *Rudder*, *S.*, *A New History of Gloucestershire*, CIrencester, 1779.

［110］ Robinson, Thomas., Ronbinson on Gavelkind: *The Common Law of Kent*, *Or the customs of Gavelkind*, Butterworth, 1987.

208

[111] Razi, Zvi, and Smith, Richard M., (eds.), *Medieval Society and the Manor Court*. New York: Clarendon Press, 1966.

[112] Razi, Zvi, *Marriage and Death in a Medieval Parish: Economic, Society and Demography in Halesowen*1270 – 1400, New York: Cambridge University Press, 1980.

[113] Smith, A. R., *Aspects of the career of Sir John Fastolf* (1380– 1459), University of Oxford, 1982.

[114] Stepson, C., *Boroughs and Towns*, Cambridge, 1933.

[115] Seebohm, F., *The English village community*, Cambridge, 1883.

[116] Slack, Paul, and Ward, Ryk, *The Peopling of Britain : The Shaping of a Human Landscape*, Oxford University Press, 2002.

[117] Smith, R. M., Plagues and People: the Long Demographic Cycle, 1250– 1670, in P. Slack and R. Ward (eds.), *The Peopling of Britain: the Shaping of a Human Landscape*, Oxford, Oxford University Press, 2002.

[118] Smith, R. M., Human Resources, in G. Astill, and A. Grant, (eds.), *The countryside of Medieval England*, Oxford: Blackwell, 1988.

[119] Smith, Richard, Plagues and Peoples: The Long Demographic Cycle, 1250–1670, in Paul Slack and Ryk Ward (ed.), *The Peopling of Britain: The Shaping of a Human Landscape*, Oxford Unoversity Press, 2000.

[120] Singer, C., Holmyard, E. J., Hall, A. R. and Williams, T. I. (eds.): *A History of Technology*1. Oxford, 1956.

[121] Storey, (ed.) Register of John Kirkby, *Bishop of Carlisle* 1332– 1352 *and the Register of John Ross*, Bishop, V2, 1981.

[122] Thirsk, John ed., *The Agrarian History of England and Wales*, Vol. Ⅱ 1042-1350, Cambridge University Press, 1988.

[123] Thirsk, Joan, (ed.), *The Agrarian History of England and Wales*, Volume Ⅱ 1348-1500, Cambridge University Press, 1991.

[124] Titow, J. Z., *English Rural Society: 1200-1350*, London, Geogre Allen and Unwin LTD, 1969.

[125] Titow, J. Z., *Winchester Yields: A Study in Medieval Agricultural Productivity* , Cambridge, 1972.

[126] Tomkeieff, *Life in Norman England*, London, 1966.

[127] Tawney, R. H., *Agrarian Problem in the sixteenth Century*, London, 1912.

[128] Thrupp, S., *The Merchant Class of Medieval London*, Chicago, 1948.

[129] Tout, T. F., *Chapters in the Administration History of Medieval England*, Vol. IV, Manchester, 1928.

[130] Virgoe, Rogered, *The will of Hugh ate Fenne, 1476*, in A Miscellany, Norfolk Record Society, LVI, 1993.

[131] Woolgar, C. M., Serjeantson, D., and Waldron, T., (ed.), *Food in Medieval England: Diet and Nutrition*, Oxford University Press, 2006.

[132] Wrigley, E. R., and Schofield, R. S., *The Population History of England 1541-1871: A Reconstruction*, Cambridge University Press, 1989.

[133] *Warboys: TwoHundred Years in the Life of an English Medieval Village*, PIMSST, XXIX (Tronto, 1974).

[134] Wylie, J. H., andWaugh, T. T., *The Reign of Henry the*

Fifth, vol. III, Cambridge, 1929.

[135] White, Lynn, Jr., *Medieval Technology and Social Change*, Oxford University Press, 1962.

[136] Wormald, P., *The Making of English Law: King Alfred to the Twelfth Century*, Blackwell Publishers Ltd, 2001.

五、英文文章

[1] Ackerman, Clarles, "The Rural Demography of Medieval England", *Enthnohistory*, Vol. 23, No. 2. (Spring, 1976).

[2] Ackerman, Charles, "The Rural Demography of Medieval England", *Ethnohistory*, Vol. 23, No. 2. (Spring, 1976).

[3] Barron, Caroline M., "The 'Golden Age' of Women in Medieval London", *Reading Medieval Studies*, xv (1989).

[4] Bennett, Judith M., "Medieval Women, Modern Women: Across the Great Divide" in Ann-Louise Shapiro (ed.), *Feminists Revision History* (New Brunswick, 1994).

[5] Beveridge, Lord, "Westminster Wages in the Manorial Era", *Economic History Review*, 2ndser., viii (1955-6), 34.

[6] Biller, P. P. A., "BirthControl in the West in the Thirteenth and Early Fourteenth Centuries", *Past and Present* XCIV (1982).

[7] Brenner, Robert, "Agrarian Class Structure and Economic Development in Pre-industrial Europe", *Past & Present*, No. 70, Feb., 1976.

[8] Britnell, R. H., "Commerce and Capitalism in Late Medieval England: Problems of Description and Theory", J. Histl. *Sociology*, 6 (1993).

[9] Brenner, R., "Agrarian Class Structure and Economic Developmentin

Pre-Industrial Europe", *Past and Present*, 1976, Vol. 70.

[10] Britnell, R. H., "Forstall, Forestalling and the Statue of Forestallers", *Economic History Review*, 102 (1987).

[11] Britnell, R. H., "The Proliferation of Market in England, 1200–1349", *Economic History Review*, 2[nd]ser., 34 (1981).

[12] Britnell, R. H., "Burghal Characteristics of Market Townsin Medieval England", *new ser.*, 42 (1981).

[13] Bardsley, Sandy, "Women's Work Reconsidered: Gender and Wage Differentiation in Late Medieval England", *Past & Present*, No. 165 (Nov., 1999).

[14] Bishop, T. A. M., "Monastic Grange in Yorkshire", *Economic History Review*, 51 (1936).

[15] Brenner, Y. S., "The Inflation of Price in England, 1551–1650", Economic History Review, New Series, Vol. 15, No. 2 (1962).

[16] Brenner, Y. S., "The Inflation of Prcies in Early Sixteenth Century England", The *Economic History Review*, New Series, Vol. 14, No. 2 (1961).

[17] Campbell, Bruce M. S., "Agricultural Progress in Medieval England: Some Evidence From Estern Norfolk", The Economic History Review, *New Series*, Vol. 36, No. 1 (Feb., 1983).

[18] Campbell, Bruce M. S., Galloway, James A., and Murphy, Margaret, "Rural Land-Use in the Metropolitan Hinterland, 1270–1339: The Evidence of 'Inquisitiones Post Mortem'", *The Agricultural History Review*, Vol. 40, No. 1 (1992).

[19] Campbell, Bruce M. S., "The Population of Early Tudor England: A Re-evaltion of the1522 Muster Returns and 1524 and 1525 Lay subsidies",

Journal of Historical Geography, 7, 1981.

[20] Campbell, Bruce M. S., "The Population of Early Tudor England: A Re-evaltion of the1522 Muster Returns and 1524 and 1525 Lay subsidies", *Journal of Historical* Geography, 7.

[21] Cornwall, J., "English Population in the Early Sixteenth Century", *Economic History Review*, 1970.

[22] Clapham, J., Quoted by Phelps Brown, *Economica* (Nov. 1957).

[23] Cullum, P. H., "Vowessesand female lay piety in the province of York, 1300-1530", *Northern History*, 32 (1996).

[24] Dyer, C. C., "Changes in diet in the late middle ages: the case og harvest of workers", *History Review*, 36, 1988.

[25] Dyer, C., "Small Places with Large Consequences: The Importance of SmallTowns in England, 1000-1540", *Historical Research*, 75 (2002).

[26] Dyer, C., "The Hidden Trade of the Middle Ages: Evidence from theWest Midlands", in Everyday Life in the Middle Ages, London, 1994.

[27] Edward, Miller, "The English Economy in the Thirteenth Century: Implications of Recent Research", *Past & Present*, No. 28 (July, 1964).

[28] Elton, G. R., *Economic History Review*, 2nd ser. VI (1953).

[29] Fisher, F. J., *Economic History Review*, X (1940).

[30] Fussell, G. E., "'Low Countries' Influence on English Farming", *English History Review*, 74, (1959).

[31] Finberg, H. P. R., "The Domesday ploughteam", *English Historical Review*, lxvi, 1941.

[32] Fogel, R. W., "Second Thoughts on the European Escape from

Hunger: Famines, Chronic Malnutrition, and Mortality Rtes" in *Osmani*, 1992.

[33] Goldberg, P. J. P, "UrbanIdentity and the Poll Taxes of1377, 1379, 1381," *Economic History Review*, 43.

[34] Gray, H. L., "The Production and Exportation of English Woollens in the Fourteenth Century", *English Hist. Rev.* 1924, Vol. xxxix.

[35] Gottfried, R. S., "Population, Plague, and the Sweating Sickness: Demographic Movements in Late Fifteenth – Century England", *Journal of British Studies*, Vol. 17, No. 1 (Autumn, 1977).

[36] Gottfried, Robert S., "Bury St. Edmunds and the Population of Late Medieval English Towns, 1270 – 1530", *Journal of British Studies*, Vol. 20, No. 1 (Autumn, 1980).

[37] Gottfried, R. S., "Population, Plague, and the Sweating Sickness: Demographic Movements in Late Fifteenth Century England", *Journal of British Studies*, Vol. 17, No. 1 (Autumn, 1977).

[38] Hammerstrom, Ingrid, "The Price Revolution in the Sixteenth Century", in *The Scandinavian Economic History Review*, Vol. V, No. 1 (1957).

[39] Hallam, H. E., "Population Density in Medieval Fenland", *Economic History Review*, 2nd series, XIV, 1961.

[40] Hallam, H. E., "Further Observations on the Spalding Serf Lists", *Economic History Review*, 2nd series, Vol. 16, No. 2 (1963).

[41] Hallam, H. E., "Populatiom Movements in England, 1086 – 1350", in Hallam, H. E. (ed.), *The Agrarian History of England and Wales*, *Vol.* II, 1042 – 1350, Cambridge: Cambridge University Press, 1988.

［42］Hatcher，"England in the Aftermath of the Black Death"，*Past and Present* 144，1994.

［43］H，Handley，"On wheel and swing ploughs"，*Journal of the Royal Agricultural Society*1.

［44］*Hadwin，J. F.，"The Medieval Lay Subsides and Economic History"*，The Economic History Review，*New Series，Vol. 36，No. 2（May，*1983）.

［45］*Langdon，John，and Masschaele，James，"Commercial Activity and Population Growth in Medieval England"*，Past & Pensent，*No.* 190（*Feb.，* 2006）.

［46］*Langdon，J.，"Horse Hauling：A Revolution inVehicle Transport in Twelfth-and Thirthteen-Century England?"* Past & Presnt，103，1984.

［47］*Lennard，R.，"Domesday ploughteams：the south west ernevidence"*，Engish Historical Review，*IX，*1945.

［48］*Lee，Ronald，"Populationin Preindustrial England：An Econometric Analysis"*，The Quarterly Journal of Economics，*Vol.* 87，*No.* 4（*Nov.，*1973）.

［49］*Lennard，Reginald，"The Alleged Exhaustion of the Soil in Medieval England"*，Economic Journal，*Vol.* 32（1922）.

［50］*Morris，Christopher，"review of J. F. D. Shrewsbury，A History of Bubonic Plague in the British Isles"，in* Historical Jounrnal.，*XIV，*1971.

［51］*McCloskey，D. N.，"English open fields as behavior towards risk"*，Research on Economic History1.

［52］*Munro，John，"Wage Stickiness，Monetary Changes，and Real Incomes in Late-Medieval England and the Low Countries，*1300-1500：*Did Money Matter?"* Research in Economic History，*Vol.* 21，*No.* 1（2003）.

[53] Mayhew, N. J., "Numismatic Evidence and Falling Price in the Fourteenth Century", The Economic History Review, New Series, Vol. 27, No. 1 (Feb., 1974).

[54] Mclure, P., "Patterns of migration in the late middle ages: the evidence of English place – name surnames", Ecnomic History Review. 2nd series, 32, (1979).

[55] John, A. H., "The Course of Agricultural Change, 1660-1760", in Essays in Agrarian History I, Newton Abbot, 1968.

[56] Knoop D., and Jones, G. P., Economic History, 1933, Vol. ii, no. 8.

[57] Kosminsky, E., "The Hundred Rolls of1279-1280: As a Source for English Agrarian History", The Economic History Review, Vol. 3, No. 1 (Jan., 1931).

[58] Kerridge, E., Economic History Review, 2ndser. Ⅵ (1953).

[59] Kershaw, "The Great Famine and Agrarian Crisis in England 1315-1322", Past and Present LIX (1973).

[60] Kremer, Michael, "Population Growth and Technological Change: One Million B. C to1990". The Quarterly Journal of Economics, Vol. 108, No. 3 (Aug., 1993).

[61] Poos, L. R., and Smith, R. M., "Legal Windows onto Historical Population: Recent Research on Demography and the Manor Court in Medieval England", Law and History Review II, 1984.

[62] Poos, L. R., "The rural population of Essex in the later middle ages", Ecnomic History Review, 2ndser. XXXVIII, 1985.

[63] Postan, M. M., and Hatcher, John., "Population and Class Relations in Feudal Society", Past & Present, No. 78 (Feb., 1978).

[64] Postan, M. M., "Some Economic Evidence of Declinging Population in the Later Middle Age", *Economic History Review*, New Series, Vol. 2 No. 3 (1950).

[65] Postan, M. M., and Titow, J. Z., "Heriots and Prices on Winchester Manor", *Economic History Review*, 2nd series II, 1949-1950.

[66] Penn, Simon A. C., "Female Wage-Earners in Late Fourteenth-Century England", *Agricultural History Review*, xxxv (1987).

[67] Russell, Josiah, C., "The Preplague Population of England", *Journal of British Studies*, Vol. 5, No. 2 (May, 1966).

[68] Russell, Josiah Cox, "Medieval Population", *Social Forces*, 15, No. 4 (May, 1937).

[69] Ramsey, Peter, *Economic History Review*, 2nd ser. VI (1953).

[70] Rigby, S. H., "Urban Population in Late Medieval England: The Evidence of the Lay Susidies", *Economic History Review*, 63 (2010).

[71] Razi, Z., and Smith, R. M., "The origins of the English manorial court roll as a written record: a puzzle", in Razi and Smith, (eds.), Medieval Society an the Manor Court, Oxford, 1996.

[72] Saltmarsh, J., "Plague and Economic Decline in England in Later Middle Ages", *Cambridge Historical Journal*, VII, 1941.

[73] Smith, R. M., "Demographical Development in Rural England, 1300-1348: a survey", in B. M. S. Campbell (ed.), Before the Black Death: Studies in the "Crisis" of the Early Fourteenth Century (Manchester, Manchester University Press, 1991).

[74] Thirsk, J., "The Common fields", *Past and Present* 29.

[75] Titow, J. Z., "Some evidence of thirteenth-century population increase", EcHR, 2nd ser. xiv, 1961.

[76] Thrupp, Sylvia L., "The Problem of Replacement-Rates in Late Medieval English Population", *The Economic History Review*, New Series, Vol. 18, No. 1, Essays in Economic History Presented to Professor M. M. Postan (1965).

[77] The Price Revolution Reconsidered, *Economic History Review*, New Series, Vol. 17, No. 2 (1964).